W0325927

Rudolf Pesch

Antisemitismus in der Bibel?

Das Johannesevangelium auf dem Prüfstand

Rudolf Pesch

Antisemitismus in der Bibel?

Das Johannesevangelium auf dem Prüfstand

SANKT ULRICH VERLAG GmbH

Bibliographische Information der Deutschen Bibliothek

Die Deutsche Bibliothek verzeichnet diese Publikation in der Deutschen Nationalbibliographie; detaillierte bibliographische Daten sind im Internet über http://dnb.ddb.de abrufbar.

© 2005 by Sankt Ulrich Verlag GmbH, Augsburg
Alle Rechte vorbehalten
Umschlaggestaltung: UV Werbung, Mediengruppe Sankt Ulrich Verlag, Augsburg
Titelbild: KNA
Druck und Bindung: Freiburger Graphische Betriebe GmbH & Co. KG, Freiburg
Printed in Germany
ISBN 3-936484-44-9
www.sankt-ulrich-verlag.de

Für den „Urfelder Kreis“

Inhalt

Von der neuen Aktualität des Themas

Im Oktober 2002 stellte Daniel Goldhagen in München sein neues Buch „Die katholische Kirche und der Holocaust. Eine Untersuchung über Schuld und Sühne" vor. In seinem Vortrag zur „Buchpräsentation", den er in einer Übersetzung schriftlich ausgab, sagte er u.a., daß es zur Wiedergutmachung der katholischen Kirche an den Juden gehören müsse, daß sich die Kirche „dem Antisemitismus der christlichen Bibel" stelle. Goldhagen vertritt die Auffassung, Antisemitismus sei im Neuen Testament „nicht nur episodisch und beiläufig", sondern in mancher Hinsicht konstitutiv. Und zweifellos hat er besonders das Johannesevangelium vorrangig im Blick, wenn er meint: „Die christliche Bibel führt unablässig einen vernichtenden Angriff gegen die Juden, stellt sie an Hunderten von Stellen als ontologische Feinde Gottes dar, als Schlangenbrut, als jene, die Gott nicht gehorcht haben, als Kinder des Teufels, als jene, die sich verschworen haben, den Sohn Gottes und seine Jünger zu töten."

Daniel Goldhagen ist sich offenbar bewußt, welchen Vorwurf er erhebt angesichts der Tatsache, daß das Neue Testament den Christen ebenso als inspiriert gilt wie ihnen und den Juden das Alte; er schreibt: „Dieser Antisemitismus darf nicht länger unter den Teppich gekehrt und geleugnet werden, nur weil die Kirche und das Christentum für sich und ihre Bibel eine Konvention der Unantastbarkeit geschaffen haben." Man dürfe sich nicht nötigen lassen, „so zu tun, als sei Antisemitismus, nur weil er in der Bibel steht, kein Antisemitismus." Im Klartext heißt das: Wenn die Bibel inspiriert ist, d.h. nach klassischer Auslegung „Gott zum Urheber" hat, wäre Gott für den Antisemitismus der Bibel verantwortlich. Ist Gott – oder für Goldhagen: der christliche Gott – ein Antisemit?

Mit Recht fordert Goldhagen: „Die Kirche muß einen Weg finden, nicht länger Vorstellungen über Juden zu verbreiten, die ihre Gläubigen veranlassen, Juden zu mißtrauen, schlecht über sie zu denken, feindselige Gefühle gegen sie zu hegen, sie als schuldig oder verdammt und eine Gefahr für das Wohlergehen der Christen zu betrachten." Da er bereit ist, den Glauben der Christen zu respektieren, „ihre Bibel sei das Wort Gottes", wird er gewiß verstehen, daß sie seiner Forderung, das Neue Testament zu ändern, nicht nachkommen können. Aber er darf darauf bestehen, daß sie eine Auslegung ihrer Schriften vorlegen, die nicht länger dazu angetan ist, Antisemitismus zu stützen oder gar zu nähren.

Die katholische Kirche hat sich ja auch, was Daniel Goldhagen entgangen zu sein scheint, von höchster Stelle aus der Frage nach dem angeblichen Antijudaismus im Neuen Testament gestellt. Die Päpstliche Bibelkommission hat am 24. Mai 2001 ein umfangreiches Dokument vorgelegt, das den Titel trägt: „Das jüdische Volk und seine Heilige Schrift in der christlichen Bibel". In seinem Vorwort greift der Präsident der Kommission, Joseph Kardinal Ratzinger, die Frage auf, der sich die Päpstliche Bibelkommission in jahrelanger Arbeit gewidmet hatte: „Hat nicht die Darstellung der Juden und des jüdischen Volkes im Neuen Testament selbst dazu beigetragen, eine Feindseligkeit dem jüdischen Volk gegenüber zu schaffen, die der Ideologie derer Vorschub leistete, die Israel auslöschen wollten?" Kardinal Ratzinger betont, daß im letzten Teil des neuen Dokuments „sorgsam die ‚antijüdischen' Texte ausgeleuchtet werden" und daß das Dokument zeige, „daß die im Neuen Testament an die Juden gerichteten Vorwürfe nicht häufiger und nicht schärfer sind als die Anklagen gegen Israel im Gesetz und bei den Propheten, also innerhalb des Alten Testamentes selbst (...) Sie gehören der prophetischen Sprache des Alten Testamentes zu und sind daher wie die Prophetenworte zu interpretieren: Sie warnen vor gegenwärtigen Fehlwegen, aber sie sind ihrem Wesen nach immer temporär und setzen so auch immer neue Möglichkeiten des Heils voraus."

Im dritten Teil des Dokuments „Die Juden im Neuen Testament" ist ein kleiner Abschnitt auch ausdrücklich dem Johannesevangelium gewidmet. Er erlaubt, sich rasch ein Bild vom Befund in diesem Evangelium zu verschaffen – und auch die Hauptlinien einer Deutung zu erfahren, die einen Antisemitismus dieses Evangeliums ausschließen. Der erste und wichtigste Satz lautet: „Über die Juden enthält das Vierte Evangelium die positivste Aussage, die man sich wünschen kann, und zwar aus dem Munde Jesu in seinem Gespräch mit der Samariterin: ‚Das Heil kommt von den Juden' (Joh 4,22)." Und der letzte Satz: „Im Evangelium ist die Polemik von untergeordneter Bedeutung. Worauf es vor allem ankommt, ist die Offenbarung der ‚Gabe Gottes' (4,10; 3,16), die allen in Christus angeboten wird, vor allem denjenigen, ‚die ihn durchbohrt haben' (19,37)."

Daniel Goldhagen sprach vom „tragischen Problem der christlichen Bibel" und erwartet „die Lösung des Problems aus den Reihen der Kirche und der Christen selbst". Sie dürfen keine Anstrengung scheuen zu zeigen, daß ihre kanonischen Urkunden jüdisch und nicht antijudaistisch, christlich und nicht antisemitisch sind. Dazu soll hier ein Beitrag vorgelegt werden – in ausführlicher Befragung des vierten Evangeliums.

I. Scheidet das Johannesevangelium Juden und Christen?

„Wir können das Johannesevangelium nicht lesen!"

Es war am Sonntag, den 26. November 1995. Nach Besuchen auf dem Itzchak-Rabin-Platz in Tel Aviv und auf dem Herzl-Berg in Jerusalem am Grab Itzchak Rabins hatten wir den Sabbat mit unseren Freunden aus den säkularen Kibbuzbewegungen im religiösen Kibbuz Tirat Zvi im Bet-Schean-Tal verbracht. Nun hatte uns Joël Dorkam, unser Gastgeber im Kibbuz Tsuba bei Jerusalem, zum Forschungsinstitut der Kibbuzbewegungen in Ramat Efal, Yad Tabenkin, gebracht. Und hier fiel im Gespräch aus dem Mund eines weiteren Freundes aus der Kibbuzbewegung Takam, des Historikers Dr. Yaakov Goren, dieser Satz: „Wir können das Johannesevangelium nicht lesen!" Das Johannesevangelium scheide Juden und Christen und verletze zutiefst die Gefühle der Juden.

Wir waren an eine Aufgabe erinnert, die uns schon durch Besuche von Micha Brumlik, des Historikers und Philosophen aus Frankfurt am Main, und von Zvi Kolitz (gest. 2002), des modern-orthodoxen existentialistischen Bibelinterpreten aus New York, seit einiger Zeit gestellt war: Werden wir einmal zusammen das Johannesevangelium lesen können?

Können wir die geschichtliche Situation verstehen, in der das Johannesevangelium entstanden ist, können wir seine theologischen Gedanken noch einmal neu würdigen und können wir ohne Scheu – wohl mit Scham! – seine furchtbare Wirkungsgeschichte wahrnehmen und doch seine ur-jüdische Botschaft neu hören?

1. Zur Sonderstellung des Johannesevangeliums

Vielleicht muß manchen Lesern, die mit der Geschichte und Eigenart der neutestamentlichen Schriften nicht näher vertraut sind, vorweg gesagt werden, daß das Johannesevangelium unter den vier Evangelien, die in den Kanon des Neuen Testaments aufgenommen wurden, eine Sonderstellung einnimmt. Während die ersten drei Evangelien – nach Matthäus, nach Markus und nach Lukas – im wesentlichen übereinstimmen, geht das vierte Evangelium eigene Wege.

Nach dem Aufriß der Darstellung der Geschichte Jesu bei den sogenannten Synoptikern beginnt Jesus sein Wirken in Galiläa; und nach dem Zug zum Paschafest findet er in Jerusalem seinen Tod am Kreuz. Bei Johannes beginnt Jesus in Jerusalem und ist während seines Wirkens mehrmals dort. Auch die Weise, wie Jesus von Nazareth spricht, ist im vierten Evangelium deutlich anders als in den drei ersten. Kurz: Das Johannesevangelium unterscheidet sich von den drei ersten, den synoptischen Evangelien, nicht nur im Erzähl- und im Redestoff, sondern auch in dessen Verarbeitung und Darbietung sowie im Aufriß der Geschichte Jesu von Nazareth.

Durchweg „johanneische“ Prägung

Nimmt man eine „Synopse“ zur Hand, in der die Texte der Evangelien in Spalten nebeneinandergedruckt sind und verglichen werden können, sieht man leicht, daß alle vier Evangelien viel gemeinsamen Erzählstoff haben; aber im vierten Evangelium ist er durchweg eigen, johanneisch, geprägt. Und die großen Redekompositionen des Johannesevangeliums, die bei den Synoptikern keine Parallelen haben, sind nicht aus Einzelworten oder einzelnen Redestücken zusammengefügt, sondern sie sind durchkomponierte Reden, die ein oder mehrere Themen umkreisen und zum Teil in dialogischer Form abhandeln.

Der überlieferte Stoff aus dem Leben Jesu und aus den ersten Gemeinden ist im Johannesevangelium viel stärker als in den synoptischen Evangelien in die Denkweise und die besondere Sprache des Evangelisten Johannes umgeschmolzen. Der johanneische Jesus redet wie der Verfasser des vierten Evangeliums selbst – auch in etwa wie der Autor des ersten Johannesbriefs.

Jesus zieht dreimal nach Jerusalem

Während die ersten drei Evangelien den wohl zuerst von Markus konstruierten Aufriß der Geschichte Jesu beibehalten, wo nach der Wirksamkeit Jesu in Galiläa und den umliegenden Gebieten der einmalige Zug Jesu nach Jerusalem, der Jerusalemer Aufenthalt und die Passionsgeschichte folgen, stellt Johannes das Wirken Jesu in einem mehrfachen Schauplatzwechsel zwischen Galiläa und Jerusalem dar. Jesus zieht dreimal von Galiläa nach Jerusalem.

Jesu Wirksamkeit in Jerusalem dauert nach der Darstellung der Synoptiker knapp eine Woche – vom Palmsonntag bis zum Karfreitag. Im Johannesevangelium wird ein mit Unterbrechungen halbjähriger Aufenthalt Jesu in Jerusalem vorausgesetzt: vom Laubhüttenfest im Herbst über das Tempelweihfest im Winter bis zum Todespascha im nachfolgenden Frühling.

Während sich die Gesamtdauer der Wirksamkeit Jesu nach den ersten drei Evangelien im Zeitraum eines einzigen Jahres unterbringen läßt, beträgt sie nach Johannes, der außer dem Paschafest, an dem Jesus gekreuzigt wird, zwei weitere Paschafeste erwähnt, mehr als zwei Jahre.

Das vierte Evangelium als Darstellung eines Prozesses

Die Synoptiker berichten kurz vor dem Beginn der Passionsgeschichte nach dem Einzug Jesu in Jerusalem von einer „Zeichenhandlung“, die am Montag nach dem Palmsonntag stattfindet: die Reinigung des Tempelvorhofs. Der vierte Evangelist hat die Tempelreinigung und die sich anschließende Zeichenforderung „der Juden“ – wie Johannes so häufig sagt – nach der Erzählung von der Hochzeit zu Kana an den Beginn der öffentlichen Wirksamkeit Jesu gerückt.

Johannes macht so Jesu ganzes Wirken in Galiläa und Jerusalem zu einer großen Auseinandersetzung mit „den Juden“, zum öffentlichen Prozeß zwischen Jesus, dem Gesandten Gottes, und der „Welt“. Und dieser Ansatz hat Folgen für die ganze eigengeprägte johanneische Darstellung des Lebens und Sterbens Jesu, bis dahin, daß es im Johannesevangelium keine Gerichtsverhandlung des jüdischen Hohen Rates gegen Jesus mehr gibt.

Der johanneische Jesus

Viel stärker als die übrigen Evangelisten denkt und formuliert Johannes aus der Erfahrung seiner Gemeinden heraus und für seine Gemeinden. Seine Darstellung und seine Sprache spiegeln die Probleme der ersten christlichen Gemeinden bis hin zur dritten christlichen Generation.

Obwohl das vierte Evangelium zum Teil älteste Jerusalemer Tradition überliefert, geht es doch in seiner Darstellung der Geschichte Jesu auch Wege, auf denen nicht historische Fakten konserviert werden sollen, sondern der Richtungssinn der Ereignisse, ihre theologische Sprache herausgearbeitet wird und die Strukturen der Glaubenserfahrungen nachgezeichnet werden.

Dies stellt an die Leser oder Hörer des Evangeliums hohe Anforderungen, wie schon die Theologen der Alten Kirche herausgestellt haben, welche die johanneische Theologie mit dem Höhenflug des Adlers verglichen – zugleich freilich auch mit dessen scharfer Wahrnehmungskraft.

Der historische Jesus und der in den christlichen Gemeinden geglaubte und erfahrene Kyrios von Juden- und Heidenchristen ist im Johannesevangelium nicht nur – wie durchgängig in der Kirche – ineins gesehen, sondern dadurch, daß der johanneische Jesus wie der Evangelist selbst redet, ist auch die geschichtliche Distanz aufgehoben und der Raum eines geisterfüllten „Heute“ eröffnet. Die Reflexion über den Messias ist in einen Dialog mit seinem Volk Israel, mit „den Juden“ gefaßt.

In der Tradition Israels

Wie in der alttestamentlichen Tradition über Jahrhunderte hinweg die Glaubenserfahrungen Israels in der Gestalt des Anfängers Abraham, des „Vaters des Glaubens“ verdichtet worden sind – oder andere Überlieferungen in der Gestalt Davids –, so sind die Glaubens- und Gemeindeerfahrungen der ersten Generationen im Johannesevangelium im „johanneischen Jesus“ aufgehoben. Und das eine wie das andere „Aufheben“ sind nicht nur legitim, sondern für das sich an den Ursprung bindende Glaubensdenken geradezu notwendig.

Wie in der Paschanacht jeder Israelit sich betrachten soll, als sei er selbst aus Ägypten ausgezogen, so soll auch der Hörer des Johannesevangeliums an der Geschichte Jesu als dem Höhepunkt der Geschichte des Volkes Gottes ganz beteiligt sein – vom Anfang, von Abraham an.

Deshalb gilt für den Umgang mit dem Johannesevangelium – wie überhaupt mit den Evangelien: Nicht das Sezieren oder Isolieren von Überlieferungen führt näher zur Wahrheit, sondern eher das Zusammenlesen aller Überlieferungen – vor allem einschließlich des Alten Testamentes, zu dem das Neue als ganzes der Erfüllungskommentar ist.

Ezer Weizmann erinnerte uns

Der israelische Staatspräsident Ezer Weizmann hat uns mit seiner großen Rede vor dem Deutschen Bundestag am 16. Januar 1996 die Notwendigkeit erinnernder Identifikation ins Gedächtnis gerufen, wie sie jüdischem Denken – auch dem jüdischen Denken des Johannesevangeliums – entspricht. Ausschnitte vom Anfang und Ende seiner Rede können verdeutlichen, worum es geht:

„Jeder einzelne Jude in jeder Generation muß sich selbst so verstehen, als ob er dort gewesen wäre – dort bei den Generationen, den Stätten und den Ereignissen, die lange vor seiner Zeit liegen (...) Die Erinnerung verkürzt die Distanzen. Zweihundert Generationen sind seit den historischen Anfängen meines Volkes vergangen, und sie erscheinen mir wie wenige Tage. Erst zweihundert Generationen sind vergangen, seit ein Mensch namens Abraham aufstand, um sein Land und seine Heimat zu verlassen und in ein Land zu ziehen, das heute mein Land ist (...) Erst hundertundfünfzig Generationen sind vergangen von der Feuersäule des Auszugs aus Ägypten bis zu den Rauchsäulen der Shoah. Und ich, geboren aus den Nachkommen Abrahams im Lande Abrahams – war überall mit dabei.

Ich war ein Sklave in Ägypten und empfing die Tora am Berge Sinai (...) Ich habe gegen die Römer gekämpft und bin aus Spanien vertrieben worden, ich wurde auf den Scheiterhaufen in Magenza, in Mainz, geschleppt und habe Tora im Jemen studiert. Ich habe meine Familie in Kishinev verloren und bin in Treblinka verbrannt worden (...)

Wir sind ein Volk der Worte und der Hoffnung. Wir haben keine Reiche geschaffen, keine Schlösser und Paläste gebaut. Nur Worte haben wir aneinander gefügt. Wir haben Schichten von Ideen aufeinandergelegt, Häuser der Erinnerungen errichtet."

Das Johannesevangelium steht mitten in solcher Tradition, das Evangelium ist von ihrem Denken geprägt. Auch in ihm sind bereits Schichten der Erinnerung zusammengefügt, Erfahrungen der ersten christlichen Generationen im Horizont der Gesamterfahrung Israels verdichtet.

2. Enthält das Johannesevangelium eine Botschaft der Abgrenzung und des Hasses?

Haben wir das Johannesevangelium nun nicht gleich zu Anfang unserer Darlegungen viel zu positiv vorgestellt? Nehmen wir die Einwände unserer jüdischen Freunde nicht ernst? Micha Brumlik z. B. hat doch das vierte Evangelium „das judenfeindliche Evangelium“[1] genannt. Und er hat an Franz Rosenzweig Kritik geübt, weil dieser sich auf das Johannesevangelium als eine Grundlage für die Verständigung von Synagoge und Kirche bezogen hatte. Micha Brumlik meinte den Verdacht äußern zu müssen, Franz Rosenzweig habe damals im November 1913, als er an seinen Vetter Rudolf Ehrenberg schrieb und sich auf das Wort des johanneischen Jesus bezog, es komme niemand zum Vater außer durch ihn, den Sohn, das Johannesevangelium in Wirklichkeit „schlichtweg nicht zur Kenntnis genommen“ gehabt.

Wie antijudaistisch ist das Johannesevangelium?
Micha Brumlik begründet seine Kritik so: „Das Johannesevangelium, jene Botschaft, die die Menschen über den Glauben an den Sohn zum Vater führen soll, ist in Wahrheit eine Botschaft der Abgrenzung, der Furcht, der Angst und des Hasses. Es gibt keine andere neutestamentliche Schrift, in der das Christentum so sehr eine eigene, nicht-jüdische Identität erlangt hat, und es gibt keine andere Schrift, in der die Abgrenzung von den Juden, und das heißt hier vom Judentum, so scharf, unversöhnlich und unüberbrückbar vollzogen wird wie im Johannesevangelium.“

Können also Juden und Christen überhaupt das Johannesevangelium gemeinsam lesen? Wie antijudaistisch ist es? Gehört es nicht zu den Büchern, mit denen Juden – wie auch Zvi Kolitz uns sagte – nur „schreckliche Erfahrungen“ verbinden? Und warum ist das so?

Hat das Johannesevangelium mit seiner Rede von „den Juden" nicht dem Antijudaismus ungeheuren Vorschub geleistet? Was sagt das vierte Evangelium zur Tora, dem Geschenk Gottes für Israel, das Jossel Rackower – wie Zvi Kolitz es ihm in den Mund legte – mehr lieben möchte als Gott?

Wie gnostisch ist das Johannesevangelium?

Micha Brumlik meint überdies, im Johannesevangelium gnostisierende Einflüsse erkennen, ja „die gnostischen Stimmen selbst hören"[2] zu können; im Logoslied des Prologs des vierten Evangeliums (Joh 1,1–18) glaubt er die Denkmuster gnostischer Mythen wiederzuerkennen und damit ein Stück Heidentum, das dem Antijudaismus zuarbeitet.

Micha Brumlik hat ja beeindruckend gezeigt, wie gnostisches und antijudaistisches Denken über viele Jahrhunderte hin bis in die Gegenwart verbunden waren und sind. Und aus dem angeblichen gnostischen Einfluß erklärt sich für Micha Brumlik teilweise auch der Antijudaismus des Johannesevangeliums: „Die johannäische Judenfeindschaft ist das Ergebnis der Übernahme gnostischer Gedanken durch eine kleine, bedrängte Gruppe von heidnischen Jesusanhängern."

Deshalb müssen wir nachfragen, wie gnostisch das vierte Evangelium ist. Folgt es wirklich den Denkmustern gnostischer Mythen oder ist es nicht doch zutiefst in der Offenbarungstradition Israels verankert? Der Prolog des Evangeliums mit seinem Logoslied kann uns als Testfall dienen. Spricht er wie Israel von Gott und vom Logos – oder wie die Gnosis vom „Demiurgen", von einem Schöpfer, der die Welt verdorben hat?

Können wir das Johannesevangelium nicht gemeinsam lesen?

Ist der Prolog des Johannesevangeliums Zeuge oder Gegenzeuge für die Auffassung vom gnostischen und antijudaistischen Charakter der Schrift? Kann man aus der jüngsten Diskussion um die Verfasserfrage des vierten Evangeliums zu diesen Fragen etwas lernen?

Können wir wirklich – so die These von Micha Brumlik – mit dem Johannesevangelium im christlich-jüdischen Dialog nichts anfangen, „überhaupt nichts anfangen“? Oder können wir noch einmal neu auf das Johannesevangelium blicken? Können Juden und Christen gar den Versuch machen, das Johannesevangelium gemeinsam zu lesen?

Können wir die Schuttberge der in der Vergangenheit aufgehäuften Irrtümer wegräumen und das Wissen um den gemeinsamen Ursprung mit der Vision einer gemeinsamen Zukunft verschmelzen?

3. Spiegelt das Johannesevangelium die ersten Auseinandersetzungen zwischen Synagoge und Ekklesia?

In jüngerer Zeit, in der die sozialgeschichtliche Forschung sich einen wichtigen Platz in der Bibelwissenschaft erobert hat, ist es zunehmend möglich und üblich geworden, die Auseinandersetzungen zwischen Juden und Christen, wie sie schon in neutestamentlicher Zeit auftauchen, sozialgeschichtlich zu erklären und so auch zu relativieren. In einer Studie, die das „American Interfaith Institute", in dem Juden und Christen intensiv zusammenarbeiten, 1995 veröffentlicht hat (Philip A. Cunningham: Education for Shalom), wird im Kapitel über die neutestamentlichen Ursprünge antijudaistischer Themen dem Johannesevangelium merkwürdigerweise fast am wenigsten Beachtung geschenkt. Doch die Einschätzung seiner außerjüdischen Position ist bemerkenswert.

Aus der Synagoge ausgeschlossene Judenchristen?

Das vierte Evangelium, so hat Cunningham kurz ausgeführt, enthalte „negative Polemik" gegen die Juden und das Judentum. Von „den Juden" sei wiederholt im feindlichen Ton die Rede, Jesus sei als jemand dargestellt, der wichtige jüdische Gestalten und heilige jüdische Feste und Orte ersetze, und schließlich münde die Auseinandersetzung zwischen Jesus und „Juden, die ihm geglaubt hatten" (Joh 8,31), in der Anklage, Jesu Gegner seien Teufelskinder (Joh 8,44). Doch was bedeutet das?

Cunningham erklärt: Ein weitverbreiteter Konsens der Forschung gehe dahin, daß die Gemeinde, aus der das Johannesevangelium stamme, erst kürzlich ein Trauma erlitten habe: Ihre jüdischen Mitglieder, also die Judenchristen, seien aus der Synagoge ausgeschlossen worden (vgl. Joh 9,22.34; 12,42; 16,2).

Das vierte Evangelium spiegele nun die verärgerte Reaktion der johanneischen Judenchristen; und „die Juden, die Jesus geglaubt hatten", seien solche, die angesichts des Vorgehens der Synagoge gegen sie ihre Mitgliedschaft in der johanneischen Gemeinde aufgekündigt hätten. Dieser soziale Kontext sei also für die judenfeindlichen Textstellen im Johannesevangelium verantwortlich.

Erste Auseinandersetzungen: Synagoge und Ekklesia

Philip Cunningham urteilt, man dürfe die Redeweise des vierten Evangeliums durchaus als antijüdisch bezeichnen, weil der Evangelist sich selbst als außerhalb der Grenzen des Judentums beheimatet verstanden habe. Er habe eine „out-group perspective", und seine antijüdischen Äußerungen seien auf das Konto der Trennung von Judentum und Christentum am Ende des ersten Jahrhunderts zu schreiben, als der Verfasser des Johannesevangeliums sich veranlaßt sah, die Mitgliedschaft in der christlichen Gemeinde – im Gegenüber zur Synagoge – neu zu definieren.

Welche Bedeutung kommt dann aber dem Johannesevangelium im Kanon des Neuen Testamentes zu? Soll es hier seinen Platz behalten?

Jüdischer Kontext?

Hat der Verfasser des vierten Evangeliums, der Jesus sagen läßt, das Heil komme von den Juden, sich wirklich außerhalb des Judentums stellen wollen oder gestellt? In der amerikanischen Zeitschrift „Explorations", die ebenfalls vom „American Interfaith Institute" herausgegeben wird, wurde 1993 über gemeinsame Konferenzen berichtet, auf denen die Frage verschärft so gestellt wurde: „Ist die Bibel antisemitisch?"

Der kanadische Neutestamentler Craig A. Evans beantwortete sie aufgrund der Diskussionen so: „Ja, das Neue Testament kann antisemitisch verstanden werden, wenn es aus seinem frühen jüdischen Kontext herausgenommen wird.

Aber wenn es in seinem Kontext ausgelegt wird, wie es doch sein sollte, ist es nicht antisemitisch."

Ist Gott ein Antisemit?

Ist diese Antwort überzeugend? Ist der Ursprungskontext des Johannesevangeliums jüdisch? Und ist der Streit zwischen Juden, die an den Messias Jesus glauben, und solchen, die nicht an ihn glauben, nicht eher noch ein Familienstreit als schon eine Auseinandersetzung zwischen Synagoge und Ekklesia, in die sich antijudaistische Töne eingemischt oder gar antisemitische Tendenzen eingeschlichen haben?

Die Frage nach dem Johannesevangelium, das im christlichen Kanon einen Platz unter den inspirierten Schriften erhielt, spitzt sich so zu: Wenn Gott – aufgrund der Inspirationslehre – sein „Autor" ist – ist er dann ein Antisemit?

4. Eine klare theologische Perspektive ist notwendig

So wichtig eine sozialgeschichtliche, kirchengeschichtliche Einordnung und Relativierung der johanneischen Texte auch ist, desto schlimmer erscheint doch der Fall für ein als inspiriert und kanonisch angesehenes Evangelium, wenn es zeitgeschichtlichen Aggressionen auf den Leim ging, aber überzeitlich gelten soll! Zvi Kolitz z. B. hat immer wieder gefordert, das Neue Testament müsse von den antijudaistischen Passagen und Büchern gereinigt werden! Der päpstliche Hausprediger Raniero Cantalamessa hat jüngst (2000) berichtet, wie auch in der italienischen Presse nach der Veröffentlichung des Dokuments „Wir erinnern uns" des Päpstlichen Rats für die Einheit vergleichbare Forderungen erhoben wurden: Da die Quelle allen Antijudaismus im Neuen Testament selbst liege, müsse man das Neue Testament zensieren.

Inspiriert oder antisemitisch?

Und diese Forderung deutet einen weiteren Konflikt an: Der Kirche gilt das Neue Testament ebenso als inspiriertes Buch wie das Alte. Sollten kanonische, inspirierte Schriften antijudaistische Passagen enthalten? Ist Gott ein Antisemit? Oder irrte die Kirche, als sie bestimmte Schriften in ihren Kanon aufnahm? Raniero Cantalamessa: „Nein, der Antisemitismus entsteht nicht aus einer Treue zu den christlichen Schriften, sondern aus unserer Untreue ihnen gegenüber."

Wir werden ohne eine klare theologische Perspektive vermeintliche oder wirkliche Mißverständnisse nicht ausräumen können. Die Bemühungen um einen neuen Blick auf das Johannesevangelium müssen weiter ausholen. Die Lösung muß als Antwort aus dem vierten Evangelium selbst, aus seiner Aufgabe in einem innerjüdischen „Familienstreit" gefunden werden, im Ringen um den Plan Gottes für sein eines, einziges Volk, das er zum Segen für alle Völker machen will.

Wir werden untersuchen müssen: Kann eine weiterführende theologische Perspektive aus dem Johannesevangelium selbst und seiner Einbindung in die jüdische Überlieferung erhoben werden?

Uns zeigte sich bei wiederholtem und neuem Hinblick als das überraschend Erstaunliche: Das vierte Evangelium ist urjüdisch – im theologischen Denken und Urteilen. Ist das wirklich so?

„... die behaupten, Christen zu sein“

Ein neuer Blick setzt zunächst voraus, daß wir den alten Blick, mit dem das Johannesevangelium immer wieder und immer mehr antijudaistisch gelesen wurde, radikal verlassen. Wir müssen zugeben, daß die vom Evangelisten gewählte, gegenüber Mißverständnissen und Fehldeutungen weithin (wenn nicht ganz) ungeschützte Redeweise von „den Juden“ und deren scheinbare Gleichsetzung mit „der Welt“ von Anfang an gefährlich war; denn sie konnte eine antijudaistische Wirkung entfalten, sobald die Christen, sich von ihrer jüdischen Wurzel entfernend, die johanneische Typologie nicht mehr durchschauten und sie in ihrer Anrede an die christliche Gemeinde nicht mehr demütig ernst nahmen.

Hatte der Evangelist noch differenziert, so taten das die Gemeinden bald nicht mehr, die nicht mehr wie er tief in der jüdischen Tradition verwurzelt und in die Auseinandersetzung um Gottes Sache im Gottesvolk eingeübt waren.

Und statt die übrigen Schriften des Kanons, innerhalb dessen jede Schrift in Übereinstimmung mit dem Gesamtzeugnis (vom Buch Genesis bis zum Buch der Offenbarung des Johannes) ausgelegt werden müßte, zur Korrektur einer vereinseitigten antijudaistischen Auslegung des Johannesevangeliums heranzuziehen, wurde im Lauf der Kirchengeschichte immer neu ein antijudaistisches Mosaik aus allen neutestamentlichen Büchern zusammengetragen. Die irrige Auslegung des Neuen Testamentes war in ihrer Wirkung äußerst verhängnisvoll, sie war mörderisch.

Und selbst nach Auschwitz ist es allzu wenigen klar, daß es heute im Johannesevangelium – wäre es historisch möglich – an manchen kritischen Stellen statt „die Juden" mit weitaus größerem Recht auch „die Christen" heißen könnte; und die Formel, die die johanneische Schriftengruppe im Neuen Testament andernorts benutzt: „die behaupten, Juden zu sein" (Offb 2,9), könnte ebenso geändert werden: „die behaupten, Christen zu sein".

Denn daran kann kein Zweifel mehr bestehen: Wir Christen haben den Namen, den wir tragen, mehr widerlegt, mehr geschändet.

Schonungslose Selbstkritik

Es könnte sein, daß eine falsche Wirkungsgeschichte der Texte schließlich dem Ganzen eine Farbe verpaßt hat, die es umfärbte. Daher ist es die Aufgabe der Exegese, die ursprüngliche Aussageabsicht wieder freizulegen.

In der „Dogmatischen Konstitution über die göttliche Offenbarung" *(Dei Verbum)* des Zweiten Vatikanischen Konzils ist den katholischen Exegeten vor vierzig Jahren zur Pflicht gemacht worden, „sorgfältig zu erforschen, was die heiligen Schriftsteller wirklich zu sagen beabsichtigten und was Gott mit ihren Worten kundtun wollte (...) Denn die Wahrheit wird je anders dargelegt und ausgedrückt in Texten von in verschiedenem Sinn geschichtlicher, prophetischer oder dichterischer Art, oder in anderen Redegattungen.

Weiterhin hat der Erklärer nach dem Sinn zu forschen, wie ihn aus einer gegebenen Situation heraus der Hagiograph den Bedingungen seiner Zeit und Kultur entsprechend – mit Hilfe der damals üblichen literarischen Gattungen – hat ausdrücken wollen und wirklich zum Ausdruck gebracht hat. Will man richtig verstehen, was der heilige Verfasser in seiner Schrift aussagen wollte, so muß man schließlich genau auf die vorgegebenen umweltbedingten Denk-, Sprach- und Erzählformen achten."

Ferner soll der Exeget „mit nicht geringerer Sorgfalt auf den Inhalt und die Einheit der ganzen Schrift achten, unter Berücksichtigung der lebendigen Überlieferung der Gesamtkirche und der Analogie des Glaubens."

Im Blick auf die Untersuchung des Johannesevangeliums müssen wir diesen Anweisungen freilich noch hinzufügen: Der Exeget muß dabei die antijudaistische Überlieferung, die in der Kirche jahrhundertelang als Gift wirkte und noch keineswegs überall besiegt ist, so „berücksichtigen", daß er sich davon ganz frei macht – in schonungsloser Selbstkritik.

Wir gehen so vor,
daß wir zunächst das Johannesevangelium selbst – so wie es im Rückblick Jesus handeln und sprechen läßt – auf seine Sicht hin befragen: Wie zeigt sich die Darstellung der Juden im angeblich judenfeindlichen Evangelium einer Auslegung, die den Gesamtkanon der Bibel als Rahmen und die in Israel von Anfang an wirksame Unterscheidung von Offenbarung als göttlicher Wahrheit und Religion als eines Empfangsspiegels mit menschlich blinden Flecken als theologischen Horizont berücksichtigt?

Wie antijudaistisch ist das Johannesevangelium? Wir stellen nach der kurzen Untersuchung der Redeweise von „den Juden" so ausführlich und sorgfältig wie möglich die Sicht des Johannesevangeliums selbst vor und gehen dann zur zweiten Frage weiter: Wie gnostisch ist das Johannesevangelium?

Schließlich beschäftigen wir uns mit der Frage nach dem Verfasser des Evangeliums. Ist er ein Garant jüdischer Tradition? Wir stellen die jüngste, bestausgewiesene Hypothese zur Verfasserfrage vor und erörtern, inwieweit sie mit unserer Analyse des Evangeliums selbst übereinstimmt. Wir gehen dann kurz auf den frühen heidenchristlichen Antijudaismus ein, in dem das Johannesevangelium seine negative Wirkungsgeschichte entfalten konnte.

Danach stellen wir vier Themen des Johannesevangeliums zur Diskussion, die das Gespräch zwischen Judentum und Kirche befruchten könnten: „Die Einheit des Gottesvolks", „Das neue Gebot", „Die Neue Familie" und „Die neue Versammlung".

Was könnten wir aus der bisherigen Geschichte der Spaltung zwischen Synagoge und Ekklesia lernen? Und läßt sich ein neues Gespräch aufnehmen?

II. Wer sind „die Juden“ im Johannesevangelium?

Wer ist jeweils gemeint?

Im Johannesevangelium wird immer wieder einfach von „den Juden“ gesprochen. Immer neu entstand dadurch der Eindruck, das Evangelium rede von allen Juden zur Zeit Jesu oder von den Juden aller Zeiten und Orte. Aber das ist gewiß nicht zutreffend. Heutige Übersetzungen behelfen sich deshalb mit Recht zum Teil mit Umschreibungen der jeweils gemeinten Menschengruppen aus dem damaligen Judentum.

Da die scheinbar pauschale Redeweise von „den Juden“ die antijudaistische Wirkungsgeschichte des vierten Evangeliums sehr stark begünstigt hat, ist es notwendig, genauer hinzuschauen, wer mit „den Juden“ im Johannesevangelium jeweils gemeint ist.

Übrigens gilt dies nicht nur für das Johannesevangelium, sondern für das ganze Neue Testament, worauf der Präsident des „American Interfaith Institute“, Howard Clark Kee, kürzlich (1997) wieder aufmerksam machte. Er forderte nachdrücklich: „Es ist wesentlich, daß die Christen bei der Lektüre und Interpretation des Neuen Testaments eine Sensibilität für die Verschiedenheit der Bedeutungen der Bezugnahmen auf Juden in spezifischen Kontexten entwickeln. Nur auf diese Weise kann man ein genaueres Verständnis der Beziehungen zwischen Judentum und Christentum gewinnen und dadurch die Judenfeindschaft überwinden, die bedauernswerterweise und unverantwortlich von denen gefördert wurde, die sich selbst Christen nennen.“

1. „Die Juden" – eine distanzierte Redeweise?

Die Art des Johannesevangeliums, von „den Juden" zu sprechen, setzt keineswegs eine durchgängige Distanzierung von Israel oder allen Juden voraus. Man kann das leicht erkennen, wenn man z. B. das kanonische Nehemiabuch, die (für die katholische Kirche ebenfalls kanonischen) Makkabäerbücher oder die Susanna-Erzählung im 13. Kapitel des Danielbuchs als Maßstab zum Vergleich nimmt.

Im Buch Nehemia
taucht z. B. mitten in einer Schilderung, wo man ein weiteres „wir" oder statt dessen „die Bewohner Jerusalems" oder „die Bewohner Judas" erwarten würde, die Wendung „die Juden" auf:

„Als aber Sanballat und Tobija sowie die Araber, Ammoniter und die Leute von Aschdod hörten, daß der Wiederaufbau der Mauer von Jerusalem voranging – denn die Breschen schlossen sich allmählich –, wurden sie wütend. Und alle zusammen verschworen sich, gegen Jerusalem in den Krieg zu ziehen und dort Unruhe zu stiften. Wir aber beteten zu unserem Gott und stellten Tag und Nacht eine Wache auf, um uns vor ihnen zu schützen. Doch dann sagten **die Juden:** ‚Den Trägern geht die Kraft aus; denn es liegt zu viel Schutt da, es wird uns nie gelingen, die Mauer aufzubauen.' Unsere Feinde aber sagten (...)" (Neh 4,1–5a).

Später spricht der Jude Nehemia, der vom persischen König zum Statthalter in Juda ernannt wurde, in einem „Ich-Bericht", in dem er einen Brief zitiert, von „den Juden", wo es auch „deine Landsleute" oder „dein Volk" oder ähnlich heißen könnte:

„Da schickte mir Sanballat zum fünftenmal seinen Diener; er brachte einen unverschlossenen Brief, in dem stand: Unter den Völkern geht das Gerücht um – und Geschem bestätigt es –, daß du **mit den Juden** einen Aufstand planst. Deshalb baust du die Mauer auf. Und du willst, wie man sagt, **König der Juden** werden" (Neh 6,6).

Auch in den Makkabäerbüchern
wird von „den Juden" erzählt, ohne daß sich der Verfasser damit von seinem Volk distanzieren würde: „Da kamen die Beamten, die vom König (Antiochus) den Auftrag hatten, **die Juden** zum Abfall von Gott zu zwingen, in die Stadt Modeïn, um die Opfer durchzuführen. Viele Männer aus Israel kamen zu ihnen, auch Mattatias und seine Söhne" (1 Makk 2,15).

Von Mattatias wird dann berichtet, wie er einen Abtrünnigen ersticht: „Zusammen mit ihm erschlug er auch den königlichen Beamten, der **die Juden** zum Opfer zwingen wollte, und riß den Altar nieder" (1 Makk 2,25).

Danach wird ein Kampf am Sabbat geschildert. Man hatte den Beamten des Königs gemeldet:

„‚Viele, die die Anordnung des Königs mißachtet haben, sind in die Wüste zu den Höhlen hinabgezogen.' Da setzte ihnen eine starke Truppe nach; als sie **die Juden** eingeholt hatte, stellte sie sich ihnen gegenüber auf und machte sich zum Kampf bereit, obwohl an jenem Tag Sabbat war. Die Soldaten riefen ihnen zu: ‚Jetzt ist es vorbei! Kommt heraus und tut, was der König sagt, dann bleibt ihr am Leben!' **Die Juden** antworteten: ‚Wir gehen nicht hinaus und tun nicht, was der König sagt; wir werden den Sabbat nicht entweihen.' Da gingen die Soldaten sofort zum Kampf über. **Die Juden** gaben keine Antwort mehr; sie warfen nicht einmal Steine auf sie, noch versperrten sie die Eingänge der Höhlen. Denn sie sagten: ‚Wir wollen lieber alle sterben, als schuldig werden. Himmel und Erde sind unsere Zeugen, daß ihr uns gegen jedes Recht umbringt.' Trotz des Sabbats begannen die Soldaten den Kampf; so starben **die Juden** samt ihren Frauen und Kindern, etwa tausend Menschen, und auch ihr Vieh kam zusammen mit ihnen um" (1 Makk 2,31–41).

Das zweite Makkabäerbuch beginnt mit dem Gruß: „Wir, eure Brüder, **die Juden** aus Jerusalem und dem Land Judäa, grüßen euch, unsere Brüder, **die Juden,** die in Ägypten wohnen, und wünschen euch Frieden" (2 Makk 1,1)

Dann folgt die Erinnerung an einen früheren Brief: „Unter der Regierung des Demetrius im Jahr 169 haben **wir Juden** euch geschrieben“ (2 Makk 1,7).

Nach der Bestrafung des Tempelräubers Heliodor erzählt das Buch dann von den Einwohnern Jerusalems so: „**Die Juden** aber priesen den Herrn, der an seinem Ort so herrlich seine Macht gezeigt hatte“ (2 Makk 3,30).

Vom Hohenpriester Jason wird wenig später berichtet: „Er schaffte die günstigen Privilegien ab, die **die Juden** durch Vermittlung des Johanan vom König erhalten hatten“ (2 Makk 4,11).

Die Beispiele mögen genügen; mit „die Juden“ können die Einwohner Jerusalems, die Bewohner Judas, die in die Wüste geflohenen standhaften Toragetreuen oder auch eben die Juden im Unterschied zu den Völkern gemeint sein.

In der Susanna-Erzählung,

die in Babylon spielt, wird zunächst von Susannas Ehemann Jojakim erzählt, und alsbald ist ganz normal von „den Juden“ der Stadt die Rede: „Jojakim war sehr reich; er besaß einen Garten nahe bei seinem Haus. **Die Juden** pflegten bei ihm zusammenzukommen, weil er der Angesehenste von allen war“ (Dan 13,4).

Normalität

Auch der jüdische Religionsphilosoph und Verteidiger der Juden in der ägyptischen Weltstadt, Philo von Alexandrien, hat in seiner an den römischen Statthalter gerichteten Schrift „In Flaccum“ wie ein externer Beobachter von „den Juden“, ihren Sitten und Gebräuchen reden können. Und doch wollte er, der Jude, gerade die Juden in Alexandrien in Schutz nehmen.

Daß im Johannesevangelium von „den Juden“ gesprochen wird, ist zunächst also im Horizont jüdischer Tradition und Geschichtsschreibung normal.

Alle die Bedeutungen, die in den alttestamentlichen Schriften gegeben sind, können auch in diesem neutestamentlichen Dokument gegeben sein. Nicht die Wendung „die Juden“ selbst hat also schon negative Bedeutung; sie kann sie nur durch den Kontext, in dem sie benutzt wird, erhalten – freilich ebenso eine positive! Wir können dies als Ausgangsfeststellung für die nachfolgende Musterung aller Stellen im vierten Evangelium notieren.

2. „Die Juden“ – unterschieden von anderen Völkern

Im Johannesevangelium wird an einigen Stellen von „den Juden“ wie von den Samaritern, den Griechen oder den Römern unterscheidend als von einem eigenen Volk gesprochen, besonders im Zusammenhang der Feste und Riten Israels; dieser Sprachgebrauch entspricht dem, wie wir ihn bei Nehemia, in den Makkabäerbüchern, im Buch Daniel oder bei Philo auch antreffen.

Da lesen wir im Johannesevangelium Wendungen wie: „Reinigung(spflicht) der Juden“ (2,6), Begräbnis-„Sitte der Juden“ (19,40), „Pascha(fest) der Juden“ (2,13; 11,55), „Fest der Juden“ (5,1; 6,4; 7,2), „Rüsttag der Juden“ (19,42), auch „Vorsteher der Juden“ (3,1), „Hoherpriester der Juden“ (19,21), „Diener der Juden“ (18,12). Mit allen diesen Ausdrücken ist also keineswegs von vorneherein eine Distanzierung beabsichtigt oder gegeben.

Auch mit den folgenden nicht: „Alle Juden“ kommen im Tempel und in der Synagoge zusammen (18,20); die Johannesjünger streiten mit „einem Juden“ über die Reinigung (3,25). „Die Juden“ haben mit den Samaritern keinen Kontakt (4,9); Pilatus ist „kein Jude“ (18,35).

An die heilsgeschichtliche Rolle Israels erinnert sogar äußerst positiv der Sprachgebrauch, wie er vor allem in Johannes 4,22 vorliegt: „die Rettung aus den Juden“. Hierher gehört im Verständnis des Evangelisten und der christlichen Gemeinde aber auch der Titel „König der Juden“ (18,33.39; 19,3.19.21), der die Messianität Jesu zum Ausdruck bringt (wenn auch unter dem Schein falscher Anklage, wie auch in Neh 6,6).

3. „Die Juden“ – die Bevölkerung Jerusalems

An anderen Stellen sind „die Juden“ schlicht die Bevölkerung Jerusalems oder die dortige Führungsschicht bzw. Mitglieder der dortigen Behörde:

„Die Juden“ schicken aus Jerusalem Priester und Leviten zu Johannes dem Täufer (1,19); nach der Tempelreinigung wird Jesus durch „die Juden“ kritisch befragt (2,18.20); Kajaphas hatte (im Synedrion) „den Juden“ den Rat gegeben (18,14); „viele Juden“ lesen die Kreuzesinschrift (19,20). „Die Juden“ bitten Pilatus, die Leichname der Gekreuzigten am Sabbat nicht am Kreuz zu lassen (19,31).

Sodann sind „die Juden“ die Jesus in der Festmenge in Jerusalem suchenden (7,11), über seine Worte staunenden (7,15), darüber diskutierenden (7,35) oder spottenden (8,22) Hörer. Unter „den Juden“ in Jerusalem gibt es „eine Spaltung“. Die einen verteufeln, die anderen verteidigen Jesus (10,19–21).

Nach der Auferweckung des Lazarus ist von „den Juden“ die Rede, die an Jesus glaubten (11,19.31.33.36.45); als Jesus erneut nach Bethanien kommt, „erfuhr eine große Schar aus den Juden, daß er dort ist“; und sie kamen, ihn und Lazarus zu sehen (12,9). „Die Hohenpriester aber beschlossen, auch den Lazarus zu töten, weil seinetwegen viele der Juden hingingen und an Jesus glaubten“ (12,10 f.).

Die Wendung „die Juden“ ist also an vielen Stellen in positivem Kontext mit positiver Bedeutung gebraucht. Eindeutig negative Nebenbedeutung erhält der Ausdruck „die Juden“ im Johannesevangelium nur dort, wo die Juden sich widergesetzlich gegen Jesus verhalten, und zwar durchweg in Jerusalem. In Galiläa murren „die Juden“ nach der Brotrede über Jesus; und „die Juden“ streiten miteinander, wie Jesus ihnen sein Fleisch zu essen geben könne (6,52). Und dieser Streit führt dazu, daß viele von Jesu Jüngern in ihr altes Leben zurückkehren und nicht mehr mit ihm gehen (6,66). Aber es kommt nicht zu einer offenen Feindschaft. Anders in Jerusalem.

4. „Die Juden“ – feindselig gegen Jesus in Jerusalem

Nach der Heilung des Gelähmten am Sabbat erklären „die Juden“ dem Geheilten, er dürfe am Sabbat seine Matratze nicht tragen (5,10); und als der Geheilte „den Juden“ mitgeteilt hat, daß es Jesus war, der ihn gesund machte (5,15), „verfolgten die Juden Jesus“ (5,16). Nach Jesu Antwort mit dem Hinweis auf Gottes Wirken „suchten die Juden noch mehr, ihn zu töten“ (5,18). Deshalb will Jesus eine Weile nur in Galiläa bleiben, nicht nach Judäa und Jerusalem gehen, „weil ihn die Juden zu töten suchten“ (7,1).

Eine scharfe Auseinandersetzung, die noch gesondert besprochen werden muß, führt Jesus mit „den Juden, die an ihn geglaubt hatten“ und die ihn schließlich steinigen wollen (8,31; vgl. 8,48.52.57).

„Die Juden“, die nach der Heilung des Blindgeborenen mit dem Geheilten und seinen Eltern sprechen, sind „Pharisäer“ (9,13.15.18.22); sie schließen den Mann, der sich zu Jesus bekennt, aus der Synagoge aus (9,34). „Die Juden“, die von Jesus ein offenes Messiasbekenntnis hören wollen (10,24), sind dann „die Juden“, die „wiederum Steine aufhoben, um ihn zu steinigen“ (10,31), und zugleich „die Juden“, die behaupten, sie täten dies wegen seiner Gotteslästerung (10,33).

Wegen dieser Jerusalemer Juden wollen die Jünger nicht mit Jesus nach Judäa hinaufziehen: „Rabbi, jetzt suchten die Juden, dich zu steinigen, und wiederum willst du dort hingehen?“ (11,8). Nach dem Beschluß des Synedrions, Jesus hinzurichten, will er „nicht mehr öffentlich unter den Juden umhergehen“ (11,54).

Schließlich heißen Jesu Gegner vor Pilatus, die seine Kreuzigung verlangen und ihren eigenen Glauben verleugnen, auch einfach „die Juden“ (18,31.36.38; 19,7.12.14). Sie – vornehmlich die Hohenpriester, aber auch Pharisäer – sind dann auch gemeint, wenn von „der Furcht vor den Juden“ die Rede ist – unter den Jerusalemern und den Festpilgern (7,13), bei den Eltern des Blindgeborenen (9,22), bei Joseph von Arimathäa, dem geheimen Jünger Jesu (19,38), und bei den Jüngern Jesu (20,19).

Die Bezeichnung „die Juden“ ist aber auch in all diesen Texten, die negativ von „den Juden“ sprechen, niemals pauschal gemeint, als seien alle Juden Jesu Feinde oder Feinde der Christen. Der jeweilige Kontext gibt Auskunft, wer jeweilig gemeint ist.

Doch ist es die Bezeichnung „die Juden“ in dieser dritten Gruppe von Texten, welche die Grundlage der negativen Wirkungsgeschichte des Johannesevangeliums geworden ist. Von diesen Passagen aus wurden auch die übrigen negativ eingefärbt – als sei fast durchgängig von den Jesus gegenüber „feindseligen Juden“ die Rede.

Um so sorgfältiger müssen wir zunächst noch einmal nachfragen, wie das Johannesevangelium selbst über die Juden, über Israel denkt. Ist es antijudaistisch?

5. Spricht so die überwiegend heidenchristliche Gemeinde?

Ein Beleg aus den Abschiedsreden Jesu läßt vermuten, daß die johanneische Gemeinde, deren Evangelist so von „den Juden“ spricht, mittlerweile überwiegend aus Heidenchristen besteht: „Kinder, noch kurze Zeit bin ich bei euch. Ihr werdet mich suchen, und wie ich zu den Juden sprach, sage ich nun auch euch: Wo ich hingehe, könnt ihr nicht hinkommen“ (13,33).

Meint dieses Wort mit den „Juden“ auch die Bewohner Jerusalems, zu denen Jesus gesprochen hatte? Oder blickt der Evangelist über die historische Situation hinaus, in der um Jesus nur jüdische Jünger versammelt sind, und auch über die ersten Jahrzehnte des Wachstums der johanneischen Tradition hinaus auf seine Gemeinde, die schon im anfänglichen Gegenüber zu den Juden, zu den Synagogen existiert? Auf solche Fragen gibt es keine schlüssigen Antworten.

Selbst wenn die johanneischen Gemeinden schon im Gegenüber zur Synagoge gelebt haben sollten, bleibt trotzdem festzuhalten: Jesu Rede im Johannesevangelium ist weder feindselig noch distanziert antijudaistisch; sie stellt die Juden und die Jünger Jesu ja gerade gleich: „Wie ich zu den Juden sprach, sage ich nun auch euch ...“ Beiden wird dasselbe gesagt, damals, heute. Und somit ist deutlich: „Einen Antijudaismus im späteren großkirchlichen oder gar modernen Sinne sollte man dem Evangelium nicht unterstellen.“[3]

Wir werden sehen: Auch „die Auseinandersetzungen zwischen Jesus (Judenchristen) und Juden im Johannesevangelium liegen in ihrer Schärfe im Rahmen des zwischen jüdischen Propheten und jüdischem Volk Üblichen. Abgesehen von dem, was sich alttestamentliche Propheten an Vorwürfen und Beschimpfungen ‚leisteten‘, sollte man auch Johannes den Täufer mit seinem Vorwurf der ‚Schlangenbrut‘ nicht vergessen.“[4] Die jüdische Gemeinde der Essener in Qumran redet von den übrigen Juden oder anderen jüdischen Gruppen als den „Söhnen Belials", des Teufels.

Man braucht sich für die polemische Redeweise im Johannesevangelium auch nur vergleichsweise vorzustellen, wie engagierte, treue Katholiken von „der Kirche" – nicht antikirchlich – reden.

Wir dürfen also noch einmal ganz neu fragen, wie antijudaistisch das Johannesevangelium wirklich ist.

III. Wie antijudaistisch ist das Johannesevangelium?

Was heißt „antijudaistisch"?

Waren die in Israel verfolgten Propheten in ihrer Schelte Israels antijudaistisch? Sie waren doch wohl eher die intensivsten Pro-Judaisten! Kann es also sein, daß eine Minderheit in Israel, vielleicht seine *pars sanior,* die Mehrheit mit scharfen Worten geißelt, ohne darin antijudaistisch zu sein? Ist die prophetische Tradition nicht das beste Erbe Israels? Der prophetische Kampf um die wahre „Jüdischkeit" – ist er nicht ein Familienstreit, in dem harte Worte anders zu bewerten sind, als wenn sie von außen pauschal gegen alles Jüdische gerichtet wären? Es ist ein großer Unterschied, ob man „von innen" oder „von außen" Kritik übt und ob sie konstruktiv oder aggressiv beschaffen ist.

Wie spricht das Johannesevangelium von „den Juden"? Verletzt es – unausweichlich – die Gefühle jüdischer Freunde? War Franz Rosenzweig, der das Evangelium schätzte, eine Ausnahme? Weil er noch vor dem Holocaust lebte, schon starb, bevor der Nationalsozialismus dem Antijudaismus die Mordschleusen öffnete?

Es ist notwendig, daß wir zunächst zur Kenntnis nehmen, daß gerade das Johannesevangelium Jesus von Nazareth als Juden vorstellt und daran festhält, daß Gott zur Rettung der Welt einen Juden erwählte, daß „der Sohn", den er sandte, ein Jude ist, ein Sohn Seines Volkes.

1. „Das Heil kommt von den Juden“

Unwiderruflich und unumstößlich ist die Auskunft des johanneischen Christus, daß das Heil, „die Rettung“ (*sotäria*, 4,22) von den Juden herkommt. Dieses Wort bezieht sich nicht nur auf Israel als Gottesvolk im ganzen, sondern auch auf den Juden Jesus von Nazareth als den Vollender der Geschichte Israels.

Jesus, der Messias Israels, wird nämlich im selben Textzusammenhang, im Gespräch Jesu mit der Samariterin am Jakobsbrunnen, „Retter der Welt“ (*sotär*, 4,42) genannt.[5] Das vierte Evangelium hält die Identität seines Christus, des Messias, mit dem Juden Jesus von Nazareth absolut fest. Das Christentum ist keine abstrakte Lehre, sondern Geschichte und Nachfolgeruf. Jesus war Jude. Was bedeutet es, daß zur Zeit der Abfassung des Johannesevangeliums diese Tatsache so klar herausgestellt wird?

Jesus ist Jude

„Jesus, der Sohn des Joseph, der von Nazareth“, ist nach dem Verständnis der Messias-Jesus-gläubigen Juden, aus deren Überlieferung das Johannesevangelium stammt, derjenige, „von dem Moses in der Tora geschrieben hat – und die Propheten“ (1,45). Jesus ist Jude. So wird er im Johannesevangelium von der Samariterin am Jakobsbrunnen (4,9) identifiziert. Auch der römische Prokurator Pontius Pilatus stellt im Prätorium (18,35), seinem Amtssitz in Jerusalem, ausdrücklich fest, daß der vor ihm stehende Angeklagte Jude ist, und schreibt als Titel ans Kreuz: „König der Juden“.

Jesus ist Jude, von jüdischen Eltern; jüdische Volksgenossen sagen von ihm: „Der Sohn des Joseph, von dem wir den Vater und die Mutter kennen“ (6,42). Er ist Jude, der von Johannesjüngern (1,38), von anderen Juden (1,49; 6,25), von einem „Vorsteher der Juden“ (3,2) wie von seinen Jüngern (4,31; 9,2; 11,8) mit „Rabbi“ angesprochen wird. „Rabbi“ war die damals gebräuchliche ehrfurchtsvolle Anrede an einen Juden.

Jesus geht als Jude zu den jüdischen Festen nach Jerusalem hinauf (2,13.23; 5,1; 7,10; 10,22f.; 12,1); er betet und lehrt im Tempel (2,14.16; 7,14; 8,2.20; 10,22 f.); er hat, wie er vor Hannas, dem ehemaligen Hohenpriester, sagt, „allezeit in Synagoge und Tempel gelehrt, wo alle Juden zusammenkommen" (18,20 f.; vgl. 6,59).

Jesus wird hingerichtet als „König der Juden"

Jesus wird als „der König der Juden" verklagt, verurteilt und gekreuzigt (18,33.39; 19,3.14.19.21). Alle Hoheitstitel, die ihm zugesprochen werden bzw. die er selbst gebraucht, sind jüdische Bekenntnisse: Messias (1,41; 4,25; 7,41), Sohn Gottes (1,49), König von Israel (1,49; 12,13), Menschensohn (1,51; 5,27; 9,35), der Prophet (6,14; 7,40; 9,17), und: der Heilige Gottes (6,69). Alle diese Titel sind der Heiligen Schrift des jüdischen Volkes, den Traditionen Israels entnommen.

Der Tempel der Juden in Jerusalem ist für Jesus das „Haus meines Vaters" (2,14.16). So spricht der Jude Jesus von Gott, den er als Abba, den lieben Vater, anredet. Und er versteht sich als der Hirt der Herde dieses Vaters, die kein anderes Volk als Israel ist (10,1 ff.) – auch wenn er andere, weitere Schafe hinzuholen wird.

Die Nation der Juden ist Jesu Nation (18,35); so weiß es der Präfekt, der Römer Pontius Pilatus. Jesus sollte schon, so wird am Beginn des Evangeliums erzählt, durch die Taufe des Johannes „für Israel" offenbart werden (1,31); und er sollte, so heißt es später, „für die Nation" sterben (11,50–52).

Daß das Heil von den Juden kommt, wird durch die Geschichte des Juden Jesus von Nazareth, wie das Johannesevangelium sie erzählt, keineswegs widerlegt, sondern durchweg besiegelt.

Das Johannesevangelium verleugnet nicht den jüdischen Charakter dieser Geschichte, es gründet selbst in dieser Geschichte und es deutet sie mit den Urkunden Israels – freilich im Licht der Erfahrung, daß der Messias schon gekommen ist und daß dadurch eine neue Sicht auf die Geschichte eröffnet wurde.

Die Absurditäten des Antijudaismus

Es gehört zu den Absurditäten des Antijudaismus unseres Jahrhunderts, daß man im Dienst des Nationalsozialismus Jesus zum Arier erklären wollte, heute in der russischen Pamjatbewegung ihn zum Assyrer machen möchte und in der palästinischen Befreiungstheologie ihn als Palästinenser vorstellt. Es ist eine schwere Hypothek, die auf der exegetischen Forschung der christlichen Konfessionen Deutschlands lastet, daß sich während des sogenannten Dritten Reichs prominente Alt- und Neutestamentler vor den Karren antijüdischer nationalsozialistischer Propaganda spannen ließen. Die Versuche, dies zu verschweigen und zu vertuschen, haben diese Hypothek noch schwerer gemacht.

Auch wenn es kaum vorstellbar scheint, ist es doch wahr: Vor fünfzig Jahren war die Auskunft: „Jesus war ein Jude – und kein Christ“ für die Ohren vieler Christen revolutionär neu, obwohl am 1. Januar immer das Fest der Beschneidung Jesu gefeiert wurde und von daher eigentlich klar war, daß Jesus Jude ist, und obwohl Bücher über „das Leben Jesu im Lande und Volk Israel“ hohe Auflagen erzielten und vielleicht auch gelesen wurden.

Trotz allem: Die negative Wirkungsgeschichte des Johannesevangeliums, in der dessen Rede von „den Juden“ in den Sog eines anschwellenden Antijudaismus bzw. Antisemitismus gerissen wurde, hatte dessen wichtigste Botschaft verschüttet: daß Jesus ein Jude war – und daß die Rettung der Welt aus Israel gekommen ist. Diese Botschaft muß neu freigelegt werden.

2. Moses ist Zeuge für den Messias Jesus

Daß die Rettung der Welt durch den Juden Jesus von Nazareth, den Messias, gekommen ist, wird nach der Auffassung seiner Anhänger, die im Johannesevangelium zu Wort gekommen sind, durch Moses und die Propheten bestätigt, die über ihn geschrieben haben (1,45).

Die Tora soll nicht außer Kraft gesetzt werden

Der Evangelist läßt keinen Zweifel daran: Die Tora wurde durch Moses (von Gott) gegeben (1,17) – ebenso die Beschneidung (7,22), die auf die Tora verpflichtet. (Sie kommt freilich schon von den Vätern her!)

Die Tora des Moses soll nicht aufgelöst, nicht außer Kraft gesetzt werden (7,23), wie die ganze Schrift nicht (10,35). Es ist ein krasses Mißverständnis neuzeitlicher (vor allem protestantischer) Theologie, Jesus von Nazareth habe die „Freiheit vom Gesetz" proklamiert. (Paulus sagt: Durch Jesus Christus sind die Glaubenden vom Todesurteil der Tora über den Sünder freigesprochen.) Der Messias Jesus wendet sich im Johannesevangelium – und nicht nur im Johannesevangelium – nicht gegen die Tora, sondern nur gegen die, welche die Tora nicht tun: „Niemand tut das Gesetz" (7,19; vgl. Röm 2,17 ff.). Und diese Kritik des johanneischen Jesus ist ganz im Sinn der Tora, ganz jüdisch. Jesus kann sich dafür – wie das später auch Paulus tut (Röm 3,9–20) – auf die Schrift Israels berufen (vgl. Ps 14,1–3; Koh 7,20).

Jesus argumentiert im Johannesevangelium selbst mit der Tora, er ist Toralehrer; er nimmt seine Hörer als „Jünger des Moses" (9,28) in Pflicht; er tut dies auch dort, wo er – scheinbar distanziert, polemisch – von „eurem Gesetz" spricht (8,17; 10,34).

Jesus nimmt Moses als „Ankläger" in Anspruch, der diejenigen bei Gott verklagen wird, die nicht zum Glauben kommen, weil sie Ehre voneinander annehmen, statt sie allein bei Gott zu suchen (5,45): „Denn wenn ihr Moses glauben würdet, würdet ihr mir glauben; denn über mich hat jener geschrieben“ (5,46).

Der Streit um Jesu Messianität

Moses ist nach dem Johannesevangelium Zeuge für Jesus als den Messias. Der Streit um Jesu Messianität ist also zugleich ein innerjüdischer Streit um die Auslegung der Tora. Er wird erst später zu einer Auseinandersetzung zwischen Kirche und Synagoge. Verhängnisvoll wird er dann in dem Maß, als die Heidenchristen ohne jüdische Vorbildung, anders als in den ersten Generationen der Kirche, nicht mehr verstehen, daß es um einen Familienstreit geht – und daß die Sache sie selbst ebenso angeht und betrifft und ihre Umkehr verlangt.

Der johanneische Jesus macht den Juden, die nicht glauben, den Vorwurf, daß sie den Schriften des Moses nicht glauben und deshalb auch seinen, Jesu Worten nicht glauben können (5,47). Jesus setzt mit seiner Kritik an seinen Zeitgenossen also ganz beim Glauben und beim Gehorsam an, wie ihn die Tora verlangt.

Nicht er, sondern seine Gegner machen polemisch einen Unterschied zwischen den Jüngern Jesu und Jüngern des Moses, als die sie sich selbst bezeichnen; für Jesus und den vierten Evangelisten gibt es diesen Unterschied so nicht. Gott hat zu Moses geredet (9,29), aber ebenso ist Jesus durch Gott beglaubigt – und dafür ist Moses Zeuge. Moses ist nicht nur der Mittler der Tora, sondern auch Prophet, Künder des Messias.

Jesus brachte „die Gnade und die Wahrheit“

Freilich stehen für das Johannesevangelium Moses und der Messias Jesus nicht im selben Verhältnis zu Gott, und deshalb eignet ihnen nicht dieselbe Qualität als Offenbarungsmittler. Schon im Prolog ist deutlich unterschieden: „Die Tora wurde durch Moses gegeben, die Gnade und die Wahrheit ward durch den Messias Jesus" (1,17). Aber diese Unterscheidung zwischen Moses und Jesus Christus markiert keinen Gegensatz, keinen Bruch, keinen Graben, sondern ein positives, untrennbares Verhältnis: wie das von Anfang und Ziel.

Das gilt auch für die Unterscheidung, die Jesus in der Brotrede, der großen Rede nach der Brotvermehrung, vornimmt: „Nicht Moses gab euch das Brot aus dem Himmel" (6,32). Denn mit diesem „Brot aus dem Himmel" ist nicht das Brot der Tora gemeint, sondern (gemäß 1,17) das der „Gnade und Wahrheit", das der Vater gibt, jetzt, in der Sendung Jesu, der sagen darf: „Ich, ich bin das Brot des Lebens. Wer zu mir kommt, wird nicht hungern, und wer an mich glaubt, wird niemals dürsten" (6,35).

Die Brotrede handelt von der Sendung des „Menschensohnes", und die Sendung Jesu als des „Menschensohnes", der ganz die Züge des Gottesknechtes trägt, wird im Johannesevangelium ebenso jüdisch beschrieben wie die Gabe der Tora.

Jesu Anklage der Juden ist jüdisch

Mit der Nennung des Moses in der Brotrede war „angedeutet, daß Jesus der ‚zweite Erlöser' ist, der Messias im Sinn des von Moses verheißenen Propheten".[6] Nach dem „Zeichen" der Brotvermehrung hatten die Zeugen bekannt: „Dieser ist wahrhaftig der Prophet, der in die Welt kommen soll" (6,14); und damit hatten sie auf die Prophetie des Moses in Deuteronomium 18,15–18 verwiesen:

„Einen Propheten wie mich wird dir der Herr, dein Gott, aus deiner Mitte, unter deinen Brüdern, erstehen lassen. Auf ihn sollt ihr hören! Der Herr wird ihn als Erfüllung von allem erstehen lassen, worum du am Horeb, am Tag der Versammlung, den Herrn, deinen Gott, gebeten hast, als du sagtest: Ich kann den Donner des Herrn, meines Gottes, nicht noch einmal hören und dieses große Feuer nicht noch einmal sehen, ohne daß ich sterbe. Damals sagte der Herr zu mir: Was sie von dir verlangen, ist recht. Einen Propheten wie dich will ich ihnen mitten unter ihren Brüdern erstehen lassen. Ich will ihm meine Worte in den Mund legen, und er soll ihnen alles sagen, was ich ihm auftrage.“

Moses hatte gemäß Deuteronomium 18,19 als Wort des Herrn hinzugefügt: „Einen Mann aber, der nicht auf meine Worte hört, die der Prophet in meinem Namen verkünden wird, ziehe ich selbst zur Rechenschaft.“

Deshalb kann der johanneische Christus Moses als „Ankläger“ derjenigen Juden bezeichnen, die nicht auf ihn hören. Auch diese Anklage gegen diese Juden, einen kleinen Teil der damaligen Judenschaft, ist also jüdisch, sie ist ganz aus der Mitte der Tora, die zugleich Verheißung ist, heraus formuliert.

3. Ist Jesus von Nazareth der von Moses angekündigte Prophet?

Am Beginn des Johannesevangeliums wird erzählt, wie Johannes der Täufer schon von der Jerusalemer Delegation aus „Priestern und Leviten“, welche „die Juden“ ausgesandt hatten, gefragt wird, ob er „der Prophet“ (1,19–21) sei (den Moses nach Dtn 18,15.18 angekündigt hatte).

Jesus selbst stellt sich dann, bevor er auf Moses als Ankläger verweist, so vor: „Ich, ich bin gekommen im Namen meines Vaters, und ihr nehmt mich nicht an. Wenn ein anderer käme im eigenen Namen, den würdet ihr annehmen“ (5,43).

Wahre und falsche Propheten

Unzweideutig erinnert Jesus mit diesem Wort an die in Deuteronomium 18,20–22 von Moses vorgetragene Unterscheidung zwischen wahren und falschen Propheten:

„Ein Prophet, der sich anmaßt, in meinem Namen ein Wort zu verkünden, dessen Verkündigung ich ihm nicht aufgetragen habe, oder der im Namen anderer Götter spricht, ein solcher Prophet soll sterben. Und wenn du denkst, woran können wir ein Wort erkennen, das der Herr nicht gesprochen hat?, dann sollst du wissen: Wenn ein Prophet im Namen des Herrn spricht und sein Wort sich nicht erfüllt und nicht eintrifft, dann ist es ein Wort, das nicht der Herr gesprochen hat. Der Prophet hat sich nur angemaßt, es zu sprechen. Du sollst dich dadurch nicht aus der Fassung bringen lassen.“

Ist Jesus selbst ein wahrer Prophet, der von Moses angekündigte (eschatologische) Prophet?

„Dieser ist wahrhaftig der Prophet“

Nach der Darstellung des Johannesevangeliums gewinnen viele damalige Juden die Überzeugung, daß Jesus „der Prophet“, der Messias ist; ihr Bekenntnis wird auf vielfältige Weise geäußert: „Wie er aber in Jerusalem am Pascha in der

Festversammlung war, glaubten viele an seinen Namen, da sie seine Zeichen schauten, die er tat" (2,23). Der Pharisäer Nikodemus, „ein Vorsteher der Juden", sagt zu ihm: „Rabbi, wir wissen, daß du von Gott gekommen bist als Lehrer. Denn niemand kann diese Zeichen tun, die du tust, wenn nicht Gott mit ihm ist" (3,1f.).

Johannes der Täufer erklärt „einem Juden" über Jesus: „Wer sein Zeugnis angenommen hat, hat besiegelt, daß Gott zuverlässig ist. Denn er, den Gott gesandt hat, redet die Gottesworte; denn ohne Maß gibt er den Geist" (3,33).

Die Zeugen der Brotvermehrung sagen: „Dieser ist wahrhaftig der Prophet, der in die Welt kommen soll" (6,14).

Das Johannesevangelium setzt also eindeutig voraus, daß Jesus von vielen damaligen Juden als Messias erkannt werden konnte und anerkannt wurde.

Nicht wenige Juden glauben an die Sendung Jesu

In Jerusalem „glaubten aus der Schar (der Juden) viele an ihn; und sie sagten: ‚Wird der Messias, wenn er kommt, etwa mehr Zeichen tun, als dieser getan hat?'" (7,31). Und wenig später sagten „Hörer seiner Worte aus dem Volk: ‚Dieser ist wahrhaftig der Prophet!' Andere sagten: ‚Dieser ist der Messias!'" (7,40f.).

Als Jesus sich als Bote des Vaters vorgestellt hat, der nur das redet, was er von ihm gehört hat, und nichts von sich aus tut, heißt es: „Da er dies redete, glaubten viele an ihn" (8,30). Beim Tempelweihfest in Jerusalem antwortet Jesus den Juden, die ihn bitten, frei heraus zu sagen, ob er der Messias sei: „Die Werke, die ich im Namen meines Vaters tue, die legen Zeugnis über mich ab" (10,25).

Auch jenseits des Jordan, wo Johannes taufte, glauben viele an ihn und sagen: „Was Johannes über diesen sprach, war zuverlässig" (10,41). Ebenso heißt es, daß nach der Auferweckung des Lazarus „viele aus den Juden an ihn glaubten" (11,45; vgl. auch 12,11!). Beim Einzug in Jerusalem begrüßt ihn eine große jüdische Volksschar mit dem Zuruf aus Psalm

118,25 f., also mit Worten, die auch an Deuteronomium 18,15.18 erinnern: „Gesegnet der Kommende im Namen des Herrn, der König Israels" (12,13). Schließlich wird sogar erwähnt, daß in Jerusalem „viele aus den Vorstehern an ihn glaubten" (12,42), sich jedoch nicht dazu zu bekennen wagten.

Wie das Johannesevangelium argumentiert

Nach der Darstellung des Johannesevangeliums ist Jesus für viele damalige Juden, die ihm glauben, der von Moses angekündigte eschatologische Prophet, der Messias. Seine Werke haben nach Auffassung des Evangelisten auch jedem, der Jesus begegnete, die Möglichkeit gegeben zu prüfen, ob der Prophet Jesus von Nazareth glaubwürdig ist oder nicht.

Das Johannesevangelium argumentiert also keineswegs antijudaistisch, etwa: „die Juden" hätten schlechthin an Jesus nicht geglaubt. Vielmehr differenziert es sorgfältig zwischen vielen Juden, die an Jesus glaubten, und vielen anderen, die nicht glaubten oder diesen Glauben wieder aufgaben.

Jedenfalls ist die Frage, ob Jesus als Messias Anerkennung findet oder nicht, für das Johannesevangelium zunächst eine innerjüdische Frage. Und auch auf die Verweigerung des Glaubens an Jesus läßt sich nach dem Johannesevangelium kein Antijudaismus stützen! Ihm gilt die Freiheit des Glaubens – freilich in der Verantwortung der Freiheit.

Die Auffassung, das Johannesevangelium verurteile pauschal „die Juden" als verstockte Ungläubige, trifft also nicht zu. Sie ist ein bedauerliches Mißverständnis, das auch aus dem blinden Flecken kontroverstheologischer Polemik gegen das Katholische (Gesetz und Werke) herrührt und zu Lasten einer antijudaistischen Lektüre des vierten Evangeliums geht – aber nicht von ihm selbst verursacht wurde. Deshalb stellt sich die Frage: Wie kann das vierte Evangelium gegen antijudaistischen Mißbrauch geschützt werden? Wie hätte es geschützt werden können?

Eine Re-Vision ist an der Zeit. Wir treiben sie durch eine weitere genaue Analyse voran.

4. Sammlung und Scheidung des Gottesvolkes

Das Johannesevangelium schreibt dem Hohenpriester Kajaphas die Prophetie zu, „daß Jesus für die Nation sterben sollte, und nicht nur für die Nation allein, vielmehr, auf daß er die zerstreuten Kinder Gottes sammle zu einem" (11,51 f.). Der johanneische Jesus ist der Hirt, der im Namen des Vaters die Herde sammelt – nicht nur die Schafe aus dem Hof Israels, sondern auch „andere Schafe, die nicht aus diesem Hof sind. Auch jene muß ich führen, und sie werden auf meine Stimme hören, und sie werden sein eine einzige Herde, ein einziger Hirt" (10,16).

Die Sünde der Zersplitterung Israels

Jesus von Nazareth hatte seine Sendung als Sammlungsbewegung begonnen – angesichts eines in viele Gruppen zersplitterten Israel, wo die Frage nach dem „wahren Israel" zwar akut, aber ungeklärt war. War das wahre Israel in Qumran zu finden oder bei der Priesterschaft am Jerusalemer Tempel? Waren die Zeloten seine Vertreter oder waren die Pharisäer seine Vorhut? Oder hatte Johannes der Täufer recht, der drohte, Gott könne sich aus den Steinen in der Wüste am Jordan neue Kinder erwecken?

In den synoptischen Evangelien wird gesagt, Jesus habe das Volk vorgefunden „wie Schafe, die keinen Hirten haben". Jesus deckt die Zersplitterung Israels, seiner Priester und Lehrer, seiner politischen Führer und Gruppen, als eine Sünde, als Nichtbeachten der Tora auf. Die ihm dies glauben, lassen sich auch aus all den Zersplitterungen und Abgrenzungen – Zöllner, Zeloten, Pharisäer, Samariter usw. – von ihm sammeln. Durch seine Sammlungsbewegung gibt es nun nicht mehr nur ein Durcheinander von Zersplitterung, sondern auch echte Scheidung – und im Widerspruch zu ihm: Spaltung.

Auf diesem Hintergrund gewinnen die johanneischen Worte vom einzigen Hirten und der einzigen Herde geschichtliche Tiefe und aktuelle Schärfe.

Der Streit um die Zulassung der Heiden zum Gottesvolk

Gerade angesichts dieses Anspruchs des johanneischen Jesus, in dem freilich die Erfahrung der Bildung der einen Herde aus Juden und Heiden schon verdichtet ist, geschieht Scheidung: „Wiederum entstand eine Spaltung unter den Juden wegen dieser Worte" (10,19). Deutlich wird, daß das Johannesevangelium auf den Streit um die Zulassung der Heiden zum Gottesvolk, der spätestens 15 Jahre nach Jesu Tod begonnen hatte, schon zurückblickt.

Der johanneische Jesus hält jedoch am Anspruch der Einheit des Gottesvolks der Glaubenden bis zuletzt fest; die Einheit des Volkes Gottes ist notwendig, damit die Welt von der Agape Gottes erfahren kann: „Ich habe die Herrlichkeit, die du mir gegeben hast, ihnen gegeben, damit sie eins seien, wie wir eins sind, ich in ihnen und du in mir, damit sie vollendet seien ineins: damit die Welt erkenne, daß du mich gesandt hast und du sie (= die Glaubenden) geliebt hast, wie du mich geliebt hast" (17,22 f.). Die „Herrlichkeit", die Jesus vom Vater empfangen hat, ist seine Einheit mit ihm; und sie soll das ganze Gottesvolk prägen, das er neu sammelt, angefangen mit seiner Jüngergemeinschaft, in deren Mitte er seine Abschiedsreden hält und das sogenannte hohepriesterliche Gebet spricht.

Scheidung zwischen Glaubenden und Nichtglaubenden

Vor allem muß festgehalten werden: Die Spaltung, von der das Johannesevangelium wiederholt redet, ist (zunächst) keine Spaltung zwischen Israel und der Kirche, zwischen Synagoge und Ekklesia, sondern eine Spaltung innerhalb Israels. Es ist die Scheidung zwischen Glaubenden und Nichtglaubenden, eine Scheidung, welche die Kirche und in ihr die hinzugerufenen Heiden ebenso betrifft.

Es war in der Geschichte des Gottesvolks immer wieder so, daß die unerwarteten Wege – die „Pläne Gottes" – für viele ärgerlich und zunächst Anlaß zum Murren waren. Israels Geschichte ist keineswegs durchweg eine Nachfolgegeschichte, sondern ebenso eine Geschichte des Widerwillens vieler, oft der Mehrheit gegen die Pläne Gottes. Was mußte sich Moses nicht alles anhören, was nicht alles ertragen? Und Propheten wie Elias oder Jeremia?

Erst recht gilt das jetzt für die Stunde, in welcher der Messias gekommen ist und mit ihm das Ärgernis der Entscheidung. Was das Johannesevangelium über die Auseinandersetzungen in Israel selbst zu berichten weiß, liegt also ganz auf der Linie der Auseinandersetzungen mit Moses und den Propheten, entspricht alttestamentlichen Geschichtsrückblicken und prophetischen Ausblicken, wie sie insbesondere seit der Exilszeit immer neu formuliert worden sind.

Spaltung innerhalb Israels

Johannes erzählt weiter: Beim dritten Aufenthalt Jesu in Jerusalem, als „die Juden" ihn in der Festmenge suchten, „war viel Gemurmel über ihn unter den Scharen; die einen sagten: ‚Gut ist er!', andere aber sagten: ‚Nein! Vielmehr führt er das Volk irre'" (7,12). Der Anerkennung Jesu als Messias wird seine Verurteilung als Ketzer, als Verführer entgegengesetzt. Zur Debatte steht die Frage, ob Jesus der Prophet oder der Christus sei; sie ist durch die Zeichen, die Jesus wirkte, und durch seine Worte aufgeworfen: „Aus dem Volk aber glaubten viele an ihn; und sie sagten: ‚Wird der Messias, wenn er kommt, etwa mehr Zeichen tun, als dieser getan hat?'" (7,31). Und: „Aus dem Volk nun sagten Hörer dieser Worte (in denen Jesus den Glaubenden den Geist verhieß): ‚Dieser ist wahrhaftig der Prophet!' Andere sagten: ‚Dieser ist der Messias!' Wieder andere sagten: ‚Kommt denn der Messias etwa aus Galiläa? Sprach nicht die Schrift, daß der Messias aus dem Samen Davids und von Bethlehem, dem Dorf, wo David war, kommt?' Eine Spaltung also entstand im Volk seinetwegen" (7,40–44).

Nach der Heilung des Blindgeborenen am Sabbat kommt es in Jerusalem zu einer weiteren Spaltung: „Es sagten nun einige aus den Pharisäern: ‚Dieser Mensch ist nicht von Gott, weil er den Sabbat nicht hält.‘ Andere aber sagten: ‚Wie kann ein sündiger Mensch solche Zeichen tun?‘ Und eine Spaltung war unter ihnen“ (9,16). Die einen werfen Jesus vor, er habe einen Dämon (7,20; 8,48.52; 10,20) oder er sei ein Samariter (8,48), die anderen stellen fest: „Diese Worte sind nicht die eines Besessenen! Kann ein Dämon etwa die Augen von Blinden öffnen?“ (10,21); oder: „Wenn dieser nicht von Gott wäre, hätte er nichts tun können“ (9,33); oder: „Wie kann ein sündiger Mensch solche Zeichen tun?“ (9,16).

Der johanneische Jesus selbst erklärt: „Ich habe keinen Dämon, sondern ehre meinen Vater, und ihr entehrt mich“ (8,49).

Der Evangelist läßt schließlich Jesus zusammenfassend erklären, daß er „zur Scheidung in diese Welt gekommen ist, damit die Nichtsehenden sehen und die Sehenden blind werden“ (9,39).

Jesus urteilt mit Jesaja

Vor dem Beginn der Passionserzählung interpretiert der Evangelist schließlich die Spaltung innerhalb Israels, so wie sie auch in den synoptischen Evangelien und bei Paulus (vgl. Röm 10,16) gesehen ist, mit Worten des Propheten Jesaja: „Obwohl Jesus so viele Zeichen vor ihnen tat, glaubten sie nicht an ihn, damit das Wort Jesajas, des Propheten, erfüllt wurde, der sprach: ‚Herr, wer glaubte unserer Kunde, und der Arm des Herrn, wem wurde er enthüllt?‘ Deshalb konnten sie nicht glauben, weil wiederum Jesaja sprach: ‚Geblendet hat er ihre Augen und verhärtet hat er ihr Herz, damit sie nicht sehen mit den Augen und erkennen mit dem Herzen und sich umwenden, und ich sie heilen werde.‘ Dies sprach Jesaja, weil er seine Herrlichkeit sah; und er redete über ihn“ (12,37–41 mit Jes 53,1; 6,9 f.).

Wiederum ist dieses kritische Urteil des johanneischen Jesus ein jüdisches Urteil über Juden. Wie Jesus zuvor Moses als Zeugen gegen die Juden, die ihm nicht glaubten, in Anspruch genommen hatte, so jetzt Jesaja – nach der Tora nun die Propheten.

Jesus ist überdies in diesem johanneischen Text als der Gottesknecht, der für Israel leiden muß, als der messianische Sproß aus dem Stumpf des Volkes vorgestellt, als der Arzt, der zur Heilung des Volkes gesandt war. Jesaja hat den Logos geschaut und in ihm die Herrlichkeit Gottes. Diejenigen, die nicht zum Bekenntnis des Glaubens gelangten, „liebten", so urteilt der johanneische Jesus, „die Herrlichkeit der Menschen mehr als die Herrlichkeit Gottes" (12,43).

Auch dieses Urteil ist kein antijudaistisches Urteil. Es wird die *Gojim* nicht weniger treffen. Denn die Frage, wen oder was er mehr liebt, ist letztlich an jeden Menschen gestellt – allerdings an diejenigen, die ins Gottesvolk gerufen wurden, in besonderer Ausdrücklichkeit und Unausweichlichkeit. Diese Frage müßte sie gemeinsam, miteinander, nicht gegeneinander, bewegen.

5. Jesus hält sich an die Tora

„Die Juden“ werden im Johannesevangelium nicht von außen kritisiert, sondern am Anspruch der ihnen gegebenen Tora gemessen; dieser Umstand ist auch kein geringfügiger Anhaltspunkt dafür, daß im vierten Evangelium nicht das antijudaistische Dokument eines Konventikels vorliegt.

Aber wie läßt es sich als ein authentischer Bestandteil des Erfüllungskommentars zum Alten Testament, als den wir das Neue Testament verstehen können, heutigen Zeitgenossen nahebringen? Oder gar jüdischen Betrachtern, deren Sensibilität für jeden Hauch von Antijudaismus mit Recht hoch entwickelt ist? Die Frage, wie Jesus und wie die ersten Gemeinden mit der Tora umgehen, ist eine zentrale Testfrage. Das Johannesevangelium bietet dazu genügend Material.

Tempelreinigung – Heilung am Sabbat

Was bei den anderen Evangelisten gegen Ende ihrer Evangelien erzählt wird, findet sich bei Johannes, wie wir schon in unserer Einleitung dargelegt haben, am Beginn, gleich nach der Hochzeit zu Kana. Jesus geht nach Jerusalem und setzt im Tempel ein prophetisches Zeichen. Jesu Tempelaktion, die Reinigung des Tempelvorhofs, ist kein Angriff aufs Judentum, sie ist vielmehr durch die Verheißung des Propheten Sacharja über die Aufhebung des Zeremonialgesetzes in der Endzeit gedeckt:

„An jenem Tag wird auf den Pferdeschellen stehen: Dem Herrn heilig! Die Kochtöpfe im Haus des Herrn werden gebraucht wie die Opferschalen vor dem Altar. Jeder Kochtopf in Jerusalem und Juda wird dem Herrn der Heere geweiht sein. Alle, die zum Opfer kommen, nehmen die Töpfe und kochen in ihnen. Und kein Kanaaniter wird an jenem Tag mehr im Haus des Herrn der Heere sein“ (Sach 14,20 f.).

Jesu Eifer für das Haus Gottes, für den Tempel in Jerusalem und das Volk Israel, entspricht dem des Jeremia, den

Psalm 69,10 im Blick hatte: „Der Eifer für dein Haus wird mich verzehren". Und diesen Vers zitiert der Evangelist Johannes nach der Erzählung von der Tempelreinigung zur Erklärung des Handelns Jesu, das auf diese Weise ganz in die prophetische Tradition eingerückt ist, die sich immer neu gegen das Geschäftemachen mit der Religion gewandt hatte und sich auch gegen das Geschäftemachen mit der Religion wendet, wie es unter Christen allzu weit verbreitet war und ist.

Subtile Kenntnis rabbinischer Theologie

Johannes erzählt weiter: Nachdem Jesus den geheilten Lahmen vom Teich Bethesda am Sabbat seine Matratze herumtragen ließ, wird ihm von „den Juden" Auflösung des Sabbats, also ein Verstoß gegen die Tora vorgeworfen. Jesus rechtfertigt sich mit dem Hinweis auf das fortdauernde vergebende, lebenspendende Wirken Gottes: „Mein Vater arbeitet bis jetzt, und auch ich arbeite" (5,17). Jesus setzt auf das heilschaffende gegenwärtige Handeln Gottes. In den synoptischen Evangelien ist sein Eröffnungswort: daß die Zeit erfüllt und Gottes Herrschaft nahegekommen sei.

Mit der Antwort Jesu „verrät der vierte Evangelist eine subtile Kenntnis rabbinischer Theologie über das ‚Arbeiten' und ‚Ruhen' Gottes."[7] Nach einer wahrscheinlich ursprünglichen Lesart von Genesis 2,1 f. hat Gott am siebten Tag sein Werk vollendet; und zur Vollendung seines Werkes gehört Heilung. Der Evangelist Johannes legt Jesu „Arbeiten" nicht als Tora-Ungehorsam, sondern als absoluten Gehorsam gegenüber dem Willen Gottes aus: „Der Sohn kann von sich aus nichts tun, wenn er nicht den Vater etwas tun sieht; denn was jener tut, dies tut desgleichen auch der Sohn" (5,19).

Die Frage lautet, weit weg von antijudaistischer Haltung: Ob das Evangelium für Jesus diese Willens- und Werkeinheit mit Gott – für Johannes identisch mit der Relation Vater-Sohn – zu Recht beansprucht oder nicht? Johannes weiß, daß das Zeugnis der Einheit der Jünger gefragt ist.

Der johanneische Jesus legt die Tora jüdisch aus

Jesus verteidigt sich gegen den Vorwurf des Sabbatbruchs, er greift aber keineswegs die Tora an. Vielmehr argumentiert er wie ein jüdischer Ausleger der Tora: „Ein einziges Werk habe ich getan, und ihr alle staunt deswegen. Moses hat euch die Beschneidung gegeben – nicht daß sie von Moses war, vielmehr von den Vätern –, und am Sabbat beschneidet ihr einen Menschen. Wenn ein Mensch die Beschneidung empfängt am Sabbat, damit die Tora des Moses nicht aufgelöst wird, wieso grollt ihr mir, weil ich einen ganzen Menschen gesund gemacht habe am Sabbat? Richtet nicht nach dem Augenschein, sondern richtet das gerechte Gericht!" (7,21–24).

Wieder hat Jesus rabbinisch argumentiert: „Wenn die Beschneidung, die eins von den 248 Gliedern am Menschen betrifft, den Sabbat verdrängt, um wieviel mehr muß sein ganzer Leib den Sabbat verdrängen?" (Talmudtraktat Joma 85b).

Zugleich wird von Johannes für Jesus als den Messias (auf dem Gottes Geist ruht) beansprucht, daß er „nicht nach dem Augenschein richtet" (Jes 11,3) und daß er auch darin der Tora folgt, die sagt: „Du sollst in der Rechtsprechung kein Unrecht tun. Du sollst weder für einen Geringen noch für einen Großen Partei nehmen; gerecht sollst du deinen Stammesgenossen richten" (Lev 19,15).

Jesus ließ sich die Tora ins Herz schreiben

Mit Jesajas Vision vom neuen Jerusalem – in der es heißt: „Alle deine Söhne werden Schüler des Herrn sein" (Jes 54,13) – und Jeremias Verheißung des Neuen Bundes – in der es heißt: „Ich lege meine Tora in sie hinein und schreibe sie auf ihr Herz (...) Keiner wird mehr den anderen belehren" (Jer 31,33 f.) –, geht der johanneische Jesus davon aus, daß in der Endzeit, die mit seinem Kommen da ist, alle von Gott belehrt, in seinen Willen und Plan eingeweiht sein können: „Jeder, der vom Vater gehört und gelernt hat, kommt zu mir" (6,45). Wer sich die Tora ins Herz schreiben läßt, kann Jesus als den Gesandten Gottes erkennen: als die „Tora in Person".[8] Und die Tora in Person ist für das Johannesevangelium ein Jude.

Jesus selbst erweist sich bei seiner Lehre im Tempel als derjenige, der sich die Tora ins Herz schreiben ließ: „Es staunten nun die Juden und sagten: ‚Wie kennt dieser die Schriften, ohne Schüler gewesen zu sein?' Jesus antwortete ihnen und sprach: ‚Meine Lehre ist nicht meine, sondern dessen, der mich gesandt hat. Wenn einer seinen Willen tun will, wird er über die Lehre erfahren, ob sie aus Gott ist oder ob ich von mir aus rede" (7,15–17).

Die Tora ist ein Zeuge für Jesus

Jesus widerspricht in einer sehr bekannten, dem Johannesevangelium eigenen Szene den Schriftgelehrten und Pharisäern nicht, welche eine Ehebrecherin, die auf frischer Tat ertappt wurde, zu ihm führen und vorbringen: „In unserem Gesetz hat uns Moses geboten, solche zu steinigen. Du nun, was sagst du?" (8,5 mit Dtn 22,22–24). Auf ihre anhaltende Nachfrage sagt er nur, nachdem er in den Staub schrieb, sein Schweigen brechend: „Der Sündelose unter euch werfe als erster auf sie einen Stein" (8,7). Er nimmt erneut Bezug auf die Tora, nämlich auf Deuteronomium 17,7, wo es heißt, daß „die Zeugen als erste ihre Hand erheben sollen".

Jesu doppeltes In-den-Staub-Schreiben wird gerne mit Gottes doppeltem Schreiben der beiden Tafeln verglichen. Jesus schreibt im Staub die Tora nach und deutet so an, daß sie ins Herz aller geschrieben sein sollte, die vom Staub genommen sind und dahin zurückkehren werden.

Die ganze Schrift ist Zeuge für Jesus

Jesus beansprucht auch für die Wahrheit seines eigenen Zeugnisses die Zeugenregel der Tora, wonach durch das gleichlautende Zeugnis zweier oder dreier Personen jede Sache festgestellt werden soll (Dtn 17,6; 19,15). Jesus wendet die Regel so an: „Ich bin's, der über mich Zeugnis gibt, und es gibt Zeugnis über mich der Vater, der mich geschickt hat"

(8,18). Zum Zeugnis des Vaters, welcher der unsichtbare Gott ist, gehört (neben den Werken, die er durch Jesus wirkt) insbesondere die Schrift, die sein Wort ist: „Die Werke, die mir der Vater gegeben hat, damit ich sie vollende, eben die Werke, die ich tue, geben Zeugnis über mich, daß mich der Vater gesandt hat. Und der Vater, der mich gesandt hat, jener hat über mich Zeugnis abgelegt (...) Ihr durchforscht die Schriften, weil ihr meint, in ihnen ewiges Leben zu haben. Auch jene sind es, die über mich Zeugnis geben" (5,36 f.39).

Auch das Unterscheidungswissen, das von dem geheilten Blindgeborenen vorgetragen wird, der Jesus verteidigt, ist ganz schriftorientiert: „Wir wissen, daß Gott auf Sünder nicht hört, vielmehr, wenn einer gottesfürchtig ist und seinen Willen tut, auf diesen hört er" (9,31). Mit Psalm 66,18 z. B. weiß der Geheilte, wie Jesu Wirken beurteilt werden will: „Hätte er Böses im Sinn gehabt, dann hätte der Herr ihn nicht erhört" (vgl. Jes 1,15; Ps 34,15 ff.).

Die Schrift kann nicht aufgelöst werden

Das Johannesevangelium läßt Jesus während des Tempelweihfestes in Jerusalem den gegen ihn (schon früher, 5,18) erhobenen Vorwurf der Gotteslästerung mit der Antwort klären: „Steht nicht geschrieben in eurem Gesetz: Ich sprach: Götter seid Ihr? Wenn er jene als Götter ansprach, an die das Wort Gottes erging, und die Schrift nicht aufgelöst werden kann, sagt ihr dann (mit Recht) von dem, den der Vater geheiligt und in die Welt gesandt hat: ‚Du lästerst', weil ich sprach: ‚Sohn Gottes bin ich'?" (10,34–36 mit Ps 82,6, der fortfährt: „Ihr alle seid Söhne des Höchsten").

Sein eigenes Geschick deutet der johanneische Jesus als Erfüllung der Schrift: Im Verrat des Judas erfüllt sich die Schrift (13,18; vgl. Ps 41,9 f.); Judas, „der Sohn des Verderbens, ging verloren, damit die Schrift erfüllt würde" (17,12 f.); im Haß gegen Jesus und seinen Vater „erfüllte sich das Wort, das in ihrem Gesetz geschrieben steht: Sie haßten mich grundlos" (15,25; vgl. Ps 35,19; 69,5).

Jesu nahtloses Gewand wird bei der Kreuzigung nicht zerteilt: „So sollte die Schriftstelle in Erfüllung gehen: Sie verteilten meine Kleider unter sich und um meine Kleidung warfen sie das Los" (19,24 mit Ps 22,19); und weiter: „Danach, da Jesus wußte, daß schon alles vollendet war, sagte er, damit die Schrift erfüllt würde: Mich dürstet" (19,28 mit Ps 22,16).

Der Evangelist kommentiert die Szene, wonach Jesu Knochen am Kreuz vom Soldaten nicht zerbrochen werden, sondern seine Seite aufgestochen wird, so: „Dies ist geschehen, damit die Schrift erfüllt würde: Ein Knochen soll ihm nicht gebrochen werden. Und wiederum sagt eine andere Schriftstelle: Sie werden auf den blicken, den sie durchbohrt haben" (19,36 f. mit Ex 12,46; Num 9,12; Ps 34,21; Sach 12,10).

Jesus war ein toragläubiger Jude

Das Johannesevangelium läßt keinen Zweifel daran, daß Jesus von Nazareth ein toragläubiger Jude war – und seine Gemeinde hat mit Israel die Tora (und die Propheten und die Schriften) als ihre heilige Schrift, in der sie den Plan Gottes erkennt und mit deren Hilfe sie auch dessen Verwirklichung beschreiben und deuten kann.

Die Spannung beruht nicht auf einem theologischen Gegensatz zum Alten Testament, sondern sie beginnt durch eine ganz andere, neue Frage: ob dieser Jesus der Messias sei oder nicht, und das heißt: ob die Erfüllung der Verheißungen Gottes in der Weise als Korrektur menschlicher, allzumenschlicher politischer oder gar magischer Träume akzeptiert werden muß, wie sie Jesus vertreten hatte.

Kern des Problems ist die Frage des Weiterdenkens der Glaubenserfahrungen Israels, welches Weiterdenken seinen Feind im Egoismus und in der Blindheit des menschlichen Herzens hat, in der Feigheit, Kompromißbereitschaft, Trägheit, im Neid und dem Zwang, all dies zu verdecken und den Sündenbock im Propheten statt in sich selbst zu suchen.

Und ob wir Christen die Frage, ob Jesus der Messias sei, schon überzeugend beantwortet haben?

6. Die Jesus nicht glaubten, hielten sich nicht an die Tora. Die sich nicht an die Tora halten, glauben Jesus nicht

Mit aller Schärfe markiert der Evangelist den Unterschied zwischen Jesus und seinen Gegnern, von denen der johanneische Jesus sagt: „Hat nicht Moses euch die Tora gegeben? Und niemand von euch tut die Tora" (7,19). Jesus erhebt diesen Vorwurf, weil seine Gegner ihn töten wollen. Von diesem ihrem ungesetzlichen Vorhaben, das gegen die Tora, gegen das fünfte Gebot des Dekalogs, verstößt, ist schon früh im Bericht des Evangelisten die Rede, der das ganze Evangelium als öffentlichen Prozeß zwischen Jesus und seinen Gegnern gestaltet hat, als eine Passionsgeschichte von Anfang an, in der Jesus ungesetzlich Unrecht geschieht.

Jesu Gegner suchen ihn zu töten

Der Evangelist gestaltet die Auseinandersetzung dramatisch: Weil Jesus in Jerusalem den Gelähmten am Sabbat heilte und ihn seine Matratze tragen ließ, „verfolgten ihn die Juden" (5,16); und weil er „auch Gott seinen eigenen Vater nannte, sich gleichmachend mit Gott (...) suchten die Juden noch mehr, ihn zu töten" (5,18).

Selbstverständlich können sich die Gegner Jesu auf die Tora berufen, die bei Sabbatbruch und Gotteslästerung auf Todesstrafe erkennt (vgl. Ex 31,14; Lev 24,11 ff.; Num 15,30). Aber Jesus hat diese ihre Anklagen im öffentlichen Prozeß, in seinen Disputationen in Jerusalem widerlegt – auch seinerseits unter Berufung auf die Tora: Er ist kein Sabbatbrecher, sondern er arbeitet heilend wie Gott selbst; und er ist kein Gotteslästerer, sondern er ehrt Gott, der alle, an die sein Wort erging, Götter und Gottessöhne genannt hat.

Jesu Gegner werden im Johannesevangelium von ihm dahingehend angeklagt, daß sie Moses nicht glauben und deshalb auch ihm nicht glauben (5,46).

Zum Laubhüttenfest will Jesus zunächst nicht nach Jerusalem gehen; er „ging in Galiläa umher, er wollte nämlich nicht in Judäa umhergehen, weil ihn die Juden zu töten suchten" (7,1). Als er dann doch nach Jerusalem kommt, redet schon niemand mehr „frei heraus über ihn wegen der Furcht vor den Juden" (7,13), wie die Jerusalemer Obrigkeit hier genannt ist. Auf Jesu Vorwurf „Niemand von euch tut das Gesetz. Was sucht ihr mich zu töten?" hin leugnet die Menge, die ihn umringt, solche Absicht, freilich mit einer Verteufelung Jesu: „Du hast einen Dämon! Wer sucht dich zu töten?" (7,19 f.).

Jesu Gegner repräsentieren nicht das toragetreue Israel

Doch alsbald gestehen einige Jerusalemer, daß ihre Vorsteher Jesus „zu töten suchen" (7,25); und nach seiner Lehre im Tempel „suchten sie ihn gefangenzunehmen" (7,30). Weil viele aus dem Volk an ihn glaubten, „sandten die Hohenpriester und die Pharisäer Diener aus, damit sie ihn gefangennähmen" (7,30). Außer den Dienern wollten ihn auch andere aus dem Volk gefangennehmen, „aber niemand legte Hand an ihn" (7,32).

Auf die Frage der Hohenpriester und Pharisäer, warum sie Jesus nicht zu ihnen abgeführt hätten, antworten die Diener: „Noch nie hat ein Mensch so geredet." Die Pharisäer schelten sie: „Habt etwa auch ihr euch irreführen lassen? Hat etwa einer von den Vorstehern oder aus den Pharisäern an ihn geglaubt? Aber dieses Volk, das die Tora nicht kennt – verflucht sind sie" (7,46–49).

Deutlich kündigt sich schon an, daß für den Evangelisten diejenigen Juden, die Jesu Gegner sind, nicht das toragetreue Israel repräsentieren. Die Verfluchung des *am haarez,* des weniger toragebildeten „Volks vom Lande", zu dem auch Jesus selbst gehörte, ist nicht im Sinne der Tora oder der Propheten.

Das Verfahren gegen Jesus ist torawidrig

Die Pharisäer stufen Jesus als Irrlehrer, als Volksverführer ein. Mit der Behauptung, niemand von den Vorstehern habe an Jesus geglaubt, äußern sie sich jedoch selbst irreführend. Denn Nikodemus, der schon früher zu Jesus kam, ist einer von ihnen (7,50).

Nikodemus, der jüdische Ratsherr, weist seine Ratskollegen nun zurecht, daß sie kein gesetzliches Verfahren gegen Jesus einhalten: „Richtet etwa unser Gesetz einen Menschen, wenn man ihn nicht zuerst verhört und erkannt hat, was er tut?" (7,51). Vielleicht verdichtet Johannes hier auch schon die Erfahrungen aus der Zeit, da Synagoge und Ekklesia anfänglich auseinanderdriften.

Zweifellos verweist Nikodemus auf die Tora, nämlich auf Deuteronomium 1,16, wo Israels Richter verpflichtet werden, jeden Streit vor Gericht zu bringen: „Kennt vor Gericht kein Ansehen der Person. Laßt Klein wie Groß zu euch kommen!"

Aber Nikodemus, der also darauf hinweist, daß Jesus nicht *in absentia,* ohne gerichtliche Einvernahme, verurteilt werden darf, findet jetzt und auch später – da Jesus tatsächlich gesetzeswidrig *in absentia* verurteilt wird – kein Gehör; im Gegenteil: „Sie antworteten und sprachen zu ihm: ‚Bist etwa auch du aus Galiläa? Forsche nach und sieh, daß aus Galiläa der Prophet nicht erweckt wird'" (7,52).

Wieso soll aber der Prophet, den Moses Israel angekündigt hat, den der Herr „aus deiner Mitte, aus deinen Brüdern" (Dtn 18,15) bzw. „mitten unter ihren Brüdern erstehen lassen" (Dtn 18,18) will, nicht aus Galiläa kommen? Kennt die Heilsgeschichte nicht viele Korrekturen geradliniger Erwartungen?

Später berichtet der vierte Evangelist, daß außer Nikodemus „viele aus den Vorstehern an Jesus glaubten; doch wegen der Pharisäer bekannten sie es nicht, damit sie nicht aus der Synagoge ausgeschlossen würden. Denn sie liebten die Ehre der Menschen mehr als die Ehre Gottes" (12,42 f.).

In dieser Passage hat der Evangelist unübersehbar Auseinandersetzungen einer Zeit, die schon den formellen Synagogenausschluß für Christen kennt, mit der Geschichte Jesu verschränkt. Aber über alle historischen Umstände hinweg trägt er hier zugleich ein fundamentales Kriterium zur Unterscheidung des Glaubens vom Unglauben vor, das für Juden und Christen gleicherweise gilt: auf das Ansehen bei Menschen oder bei Gott setzen. Und darauf – nicht auf historisch protokollarische Genauigkeit – kommt es dem Evangelisten an, der seine Gemeinden anreden, denen ins Gewissen reden will, die (angeblich) an den Messias Jesus glauben.

Auch die Versuche, Jesus zu steinigen, sind torawidrig

Nach einer Diskussion Jesu mit Pharisäern in der Schatzkammer des Tempels wird erneut erwähnt, daß „ihn niemand gefangennahm" (8,20). Nach der Auseinandersetzung mit „den Juden, die ihm geglaubt hatten" (8,31), aber nicht seine Jünger wurden oder blieben, entkommt Jesus einer – ohne Verfahren ungesetzlichen – Steinigung: „Sie hoben nun Steine auf, um auf ihn zu werfen. Jesus aber verbarg sich und ging hinaus aus dem Tempel" (8,59).

Johannes erzählt weiter: Den Blindgeborenen, der sich nach seiner Heilung zu Jesus bekannte, warfen die Pharisäer „aus der Synagoge hinaus" (9,34). Der Synagogenausschluß – gewiß aus späterer Zeit hier schon ins Leben Jesu hineingetragen – bedeutete für den Ausgestoßenen den Verlust der Bindung an seine bisherige Lebensgemeinschaft, aber auch den Verlust des zivilrechtlichen Status innerhalb des Römischen Reiches, wo den Juden ihre eigene Gerichtsbarkeit und die Freistellung vom Kaiserkult zugesagt war.

Beim Tempelweihfest in Jerusalem, als Jesus in der Halle Salomos seine Einheit mit dem Vater aussprach, „hoben die Juden wiederum Steine auf, um ihn zu steinigen" (10,31). Erneut handeln Jesu Gegner torawidrig. Und nachdem Jesus den Vorwurf der Gotteslästerung, den sie erhoben, mittels der Schrift widerlegt hat, heißt es: „Sie suchten nun wiederum, ihn gefangenzunehmen; er aber entkam ihrer Hand" (10,39).

Der Beschluß, Jesus zu töten, verstößt gegen die Tora

Das Johannesevangelium führt die Auseinandersetzung zwischen Jesus und seinen Gegnern auf einen ersten Höhepunkt. Nach der Auferweckung des Lazarus werden die Pharisäer „von dem, was Jesus tat" (11,46), informiert. Die Hohenpriester und Pharisäer halten eine Gerichtsversammlung und beschließen *in absentia Jesu*, „ihn zu töten" (11,53), nur weil sie ihre Entmachtung durch die Römer – wie sie vierzig Jahre später erfolgte – fürchten. Der Hohepriester Kajaphas beruft sich auf den Grundsatz der *pekuach nephesch:* Es sei besser, daß einer sterbe, als daß die Nation zugrunde gehe.

Der Einspruch des Nikodemus gegen das ungesetzliche Vorgehen des Hohen Rats ist wirkungslos geblieben. Daß viele angesichts der Zeichen Jesu an ihn glauben, ist Grund ihn zu „opfern". Die Hohenpriester und die Pharisäer haben ein Fahndungsedikt erlassen: „daß, wenn einer erführe, wo Jesus ist, er es anzeige, damit sie ihn verhaften könnten" (11,57).

Daß die Hohenpriester sich nicht an die Tora gebunden wissen, wird nach Jesu Salbung in Bethanien und angesichts von Wallfahrten nach Bethanien zu Lazarus vollends klar: „Die Hohenpriester aber beschlossen, auch den Lazarus zu töten, weil seinetwegen viele der Juden hingingen und an Jesus glaubten" (12,10 f.).

Nach Jesu Einzug in Jerusalem, der von der Begeisterung über die Auferweckung des Lazarus getragen ist, „sprachen die Pharisäer zueinander: ‚Schaut, daß ihr überhaupt nichts ausrichtet! Sieh, die Welt ist fortgegangen, ihm nach'" (12,19).

Das Verhör Jesu zeigt die Ungesetzlichkeit seiner Gegner auf

Dem Fahndungsedikt hat Judas schließlich Folge geleistet; er hat Jesus verraten. Nach der Verhaftung im Garten Gethsemani wird Jesus zunächst von Hannas, dem Chef der hohenpriesterlichen Familie, befragt und von dessen Diener ungesetzlich geschlagen. Von Kajaphas, dem Hohenpriester, wird Jesus alsbald dem römischen Präfekten Pontius Pilatus überstellt. Eine Synedrialverhandlung findet nicht mehr statt. Nach Johannes ist Jesus nach der Auferweckung des Lazarus schon *in absentia* verurteilt worden.

Die Ankläger bringen bei Pilatus kein Urteil des Hohen Rates, ihres Gerichts, vor, sondern antworten auf die Frage des römischen Statthalters nach der Anklage gegen Jesus: „Wenn dieser nicht ein Übeltäter wäre, hätten wir ihn dir nicht ausgeliefert" (18,30). Auf den Hinweis des Pilatus, sie sollten Jesus nach ihrem Gesetz, der Tora, richten, antworten sie zweideutig: „Uns ist es nicht erlaubt, jemanden zu töten" (18,31). In der Tat, der Dekalog verbietet den Mord, und die Schrift verbietet, unschuldiges Blut zu vergießen (vgl. 1 Kön 21,19; Jes 59,7); in politischer Auslegung kann die Antwort freilich auch heißen, daß die jüdische Obrigkeit damals keine Blutgerichtsbarkeit ausüben durfte. Jesus soll von den Heiden gekreuzigt werden.

Der römische Präfekt, der am Angeklagten keine Schuld findet, bietet Jesus als Kandidaten der Paschaamnestie an; „die Juden" verlangen Barabbas, einen Räuber, einen Terroristen (18,38–40). Pilatus fordert sie schließlich auf, sie selbst sollten Jesus kreuzigen: „Nehmt ihr ihn und kreuzigt ihn. Denn ich, ich finde an ihm keine Schuld" (19,6).

Nach dieser dritten, drastischen Unschuldserklärung des Pilatus antworten „die Juden": „Wir, wir haben ein Gesetz, und nach dem Gesetz muß er sterben, weil er sich selbst zum Sohn Gottes gemacht hat" (19,7). „Die Juden" sind hier die Hohenpriester mit der ihnen hörigen Klientel. Was Jesus im öffentlichen Prozeß seiner gesamten Wirksamkeit und im Disput in Jerusalem ausdrücklich – unter Berufung auf die

Der Verräter Jesu im Johannesevangelium

Johannes macht auf etwas Wichtiges aufmerksam: Das Hindernis, das die Sammlung Israels vereitelt, ist für Jesus letztlich nicht die offene Ablehnung durch die Neider, sondern die Eifersucht und der Rangstreit innerhalb seines eigenen Jüngerkreises. Wir kennen letztlich das Motiv dessen nicht, der unter den Vertrauten am Tisch saß und Jesus sogar verriet; das Johannesevangelium deutet als ein Motiv Geldgier an. Und oft genug erweist sich das Geld als der *nervus rerum*. Doch sehen wir vielleicht noch etwas genauer, wenn wir zwei Verse aus der Passion Jesu beachten, die deutlicher machen, was das Wesen des Verrats ausmacht.

Die Richter, die Jesus verurteilten, hatten aus dem öffentlichen Leben Jesu keinen schlüssigen Beweis gegen ihn. Jesus antwortete dem Hohenpriester: „Ich habe offen vor aller Welt geredet. Ich habe immer in der Synagoge und im Tempel gelehrt, wo alle Juden zusammenkommen. Nichts habe ich im geheimen gesprochen" (18,20).

Und doch war Jesus zuvor schon im Innersten erschüttert, als er voraussagte, daß einer von den Zwölfen seiner Tischgemeinschaft ihn verraten werde. Nur das Zeugnis eines der Zwölf konnte den Hohenpriester behaupten lassen, hinter verschlossenen Türen rede Jesus ganz anders und offenbare seine wahren politischen Umsturzgedanken, die den Tempel gefährdeten. Der Verräter kann nur aus der Mitte kommen – und so werden es die Johannesbriefe auch von den Antichristen sagen, die aus der Mitte der Gemeinden herkommen.

In antijudaistischer Polemik ist allzu oft ausgeschlachtet worden, daß der Verräter Jesu den Namen „Judas" trug. Jedoch hat Johannes nichts getan, dieser Verdrehung Vorschub zu leisten. Er hat zwischen glaubenden und nichtglaubenden Juden unterschieden.

Eine wichtige Frage bleibt allerdings noch: Wie verhält es sich mit dem Abschnitt Johannes 8,31–59, wo „die Juden" als Teufelssöhne gescholten werden?[9]

7. Wer hat den Teufel zum Vater?

Die härteste Anklage: „Ihr habt den Teufel zum Vater“ (8,44), bringt Jesus gegen „die Juden, die ihm geglaubt hatten“ (8,31), vor, also gegen solche, die aus seinen Anhängern zu seinen Gegnern oder Feinden geworden sind, von denen es dann heißt: „Sie hoben nun Steine auf, um auf ihn zu werfen“ (8,59). Selbstverständlich kann man zunächst darauf hinweisen, daß solch harte Auseinandersetzungen innerhalb der jüdischen Gemeinschaft möglich waren, wie die Qumranschriften belegen, in denen die Gemeinde von Qumran ihre jüdischen Gegner als „Söhne des Belial“ (1 QS 2,5.22 u.ö.) schilt. Jedoch genügt das angesichts der Wirkungsgeschichte von Johannes 8,44 natürlich nicht, vor allem nicht, wenn man bedenkt, wie dieses Wort in der Nazi-Propaganda gegen die Juden auf allen Ebenen mißbraucht worden ist, von Kinderbüchern bis zu Straßenschildern.

Ein krasses Mißverständnis

Das 8. Kapitel des Johannesevangeliums gilt als das hauptsächliche Dokument seines Antisemitismus bzw. Antijudaismus. Aber ist diese Einschätzung nicht ein krasses Mißverständnis der theologischen Absichten des Evangelisten?

Die öffentliche Auseinandersetzung Jesu mit „den Juden“, dieser Prozeß Jesu, ist in der johanneischen Sehweise die Entlarvung und Überführung der „Welt“ und eine Entlarvung und Überführung der widerständigen Hartnäckigkeit der von ihrer Berufung im Gottesvolk Abgefallenen.

Jesus redet zu „den Juden, die ihm geglaubt hatten“. Indem sie ihm geglaubt hatten, hatten sie auf die Güte Gottes gesetzt und auf Jesus als ihren Repräsentanten, der sich durch heilende Zeichen ausgewiesen und als Bote des Vaters vorgestellt hatte, der nicht im eigenen Namen gekommen ist. Indem sie ihm geglaubt hatten, hatten sie auch Moses geglaubt.

Welchen Grund hatte er gegeben, seiner Sendung nicht mehr zu trauen, ihm zu mißtrauen? Der johanneische Jesus selbst sagt: „Jetzt aber wollt ihr mich töten, einen Menschen, der euch die Wahrheit verkündet hat, die Wahrheit, die ich von Gott gehört habe“ (8,40).

Wer will die befreiende Wahrheit über sich hören?

Im Prozeß Jesu, in der Auseinandersetzung mit „den Juden, die ihm geglaubt hatten,“ wird paradigmatisch aufgedeckt – und deshalb ist dann vom „Kosmos“, von der „Welt“ die Rede –, daß der Mensch die befreiende Wahrheit über sich selbst nicht hören will.

In Johannes 8 ist diese Wahrheit, daß es sich so *mit uns* verhält, dramatisch formuliert, damit auch der verstockte Nichthörer durch einen solchen Spiegel seiner Existenz und seines Verhaltens eine Umkehrchance behält: Er könnte sich in diesem Spiegel als „Sohn des Teufels“ und „Bruder Kains“ erkennen. „Die Wahrheit wird euch befreien“ (8,32). Die Unwahrheit macht die Welt zur Hölle, in der Lüge und Mord zu Hause sind.

Wie die Wahrheit befreit, war im Johannesevangelium schon in der Szene von der Begegnung Jesu mit der Samariterin am Jakobsbrunnen erzählt worden: Die Frau läßt die Wahrheit über ihr Leben zu – sie hat fünf Männer gehabt und lebt mit einem sechsten zusammen, der nicht ihr Mann ist –, kommt dadurch zum Glauben an den Messias und kann andere ihm zuführen: „Kommt her, seht, da ist ein Mann, der mir alles gesagt hat, was ich getan habe. Ist er vielleicht der Messias?“ (4,29).

In Johannes 8 werden vom johanneischen Jesus diejenigen angeredet, die zum Glauben gekommen waren, aber die Wahrheit wieder verdrängten. Und diese Anrede gilt allen Hörern des Evangeliums.

Wie der erste Johannesbrief – als ein Kommentar zum Johannesevangelium – lehrt, gilt Jesu Wort vom Vater Teufel ebenso wie den Juden auch den Christen, die an ihn geglaubt hatten und von ihrer Berufung abgefallen sind:

„Meine Kinder, laßt euch von niemandem in die Irre führen! Wer die Gerechtigkeit tut, ist gerecht, wie Er gerecht ist. Wer die Sünde tut, stammt vom Teufel; denn der Teufel sündigt von Anfang an. Der Sohn Gottes aber ist erschienen, um die Werke des Teufels zu zerstören. Jeder, der von Gott stammt, tut keine Sünde, weil Gottes Same in ihm bleibt. Er kann nicht sündigen, weil er von Gott stammt. Daran kann man die Kinder Gottes und die Kinder des Teufels erkennen: jeder, der die Gerechtigkeit nicht tut und seinen Bruder nicht liebt, ist nicht aus Gott“ (1 Joh 3,7–10).

Die Formel „Gerechtigkeit tun“, die der johanneische Brief benutzt, ist biblisch-jüdisch und umschließt die Erfüllung der Tora in der Agape.

Die Unterscheidung, die so geübt wird, scheidet nicht Juden von Christen, sondern Gläubige von Ungläubigen, Juden von Juden und Christen von Christen, Täter der Gerechtigkeit und Nichttäter der Gerechtigkeit (= Täter der Ungerechtigkeit). Die Unterscheidung folgt einem Kriterium, das ebenso der Tora wie dem „neuen Gebot“ Jesu entspricht.

Jesu Schelte dient der Erinnerung

Nicht umsonst spricht die jüdisch-christliche Tradition vom Teufel als einem abgefallenen „Engel“, einem berufenen Boten, der seine Berufung verriet. Berufung ist gemäß dieser Tradition Berufung zum Dienst, und Abfall ist Verweigerung des Dienstes. Im johanneischen Prozeß Jesu wird – so die Theologie des Evangelisten – darüber entschieden, wer der Rettung der Welt und darin dem Willen und Plan Gottes dient – und wer dem Eigenwillen und der eigenen Ehrsucht zu Diensten lebt.

Jesus war als der Messias gekommen, um das Volk Gottes an seinen messianischen Dienst zu erinnern, den Dienst des Gottesknechtes. Von ihm heißt es: „Der Herr lud auf ihn die Schuld von uns allen (...) Mein Knecht, der gerechte, macht die vielen gerecht“ (Jes 53,6.11). Wenn der johanneische Jesus die Juden, die ihm geglaubt hatten, schilt, dient dies dieser Erinnerung – wie sie der Erinnerung der Christen dient, die das Evangelium in ihren Versammlungen hören. Diese Schelte veranlaßt von sich aus keinen Antijudaismus.

Der Haß, der Israel trifft, trifft auch die Kirche

Die Kirche, die dem Antijudaismus verfällt oder ihm verhaftet bleibt, stößt den Juden Jesus aus – wie Jesu Gegner ihn in Israel als Falsch-Messias aus dem Gottesvolk ausstoßen wollten. In der Geschichte seit dem Tod Jesu ist deutlich geworden, daß die tiefste Wurzel des Antijudaismus oder Antisemitismus der Widerstand gegen die Präsenz des wahren und einzigen Gottes in unserer Welt ist, der jede Selbstvergötterung in Frage stellt.

Der Haß, der Israel traf und trifft, ist kein normaler Fremdenhaß, sondern die Auflehnung gegen ein nicht von uns aufgestelltes Maß von Recht, Gerechtigkeit und Gemeinschaftstreue, die Ablehnung der unbedingten Willensbindung an den Schöpfer und Herrn, die Verhinderung der Aufklärung über den Neid und die Heuchelei in der Welt, einer Aufklärung, in der jeder als der erscheint, der er ist. Und der Haß, der Israel trifft, trifft immer auch die Kirche – sei es von außen, sei es von innen.

„Christlicher" Antisemitismus ist eine besondere Perversion

Der „christliche" Antisemitismus nimmt den Juden übel, daß sie der Welt den Messias geschenkt haben. War es ein Zufall, daß christliche Theologen während des sogenannten Dritten Reiches den Nachweis zu bringen suchten, Jesus sei ein Arier und kein Jude gewesen? Und daß, wie auch schon erwähnt, die Pamjatbewegung in Rußland ihn heute zum Assyrer macht und die palästinensische Befreiungstheologie zum Palästinenser?

Der christliche Antisemitismus ist ein tiefer Abfall vom Christentum, von ihm selbst lügnerisch verkleidet und verdreht. Er gehört neben den Ketzer- und Hexenwahn. Wie kann ein Baum die Wurzel ausrotten wollen, die ihn trägt?

Einem solchen Phänomen ist rational nicht beizukommen – es ist grundlos. Israels Theologen hatten es längst entlarvt, als sie in Psalm 35,19 und Psalm 69,5 vom „grundlosen Haß“ gegen die Gerechten im Gottesvolk sprachen. Die jüdische Tradition hat auch den grundlosen Haß unter den Juden selbst als Grund für die Zerstörung des Tempels – des Orts für die Versöhnung mit Gott – benannt.

Der johanneische Jesus redet ganz in ihrer Spur: „Wenn ich nicht die Werke unter ihnen getan hätte, die kein anderer getan hat, hätten sie keine Sünde. Jetzt aber haben sie gesehen und doch sowohl mich als auch meinen Vater gehaßt. Jedoch: Damit das Wort erfüllt würde, das in ihrer Tora geschrieben steht: Sie haßten mich grundlos“ (15,24 f.).

8. „Die Wahrheit wird euch frei machen“

Die kritische Rede Jesu zu „den Juden, die ihm geglaubt hatten“ (8,31), die so viele Mißverständnisse ausgelöst hat, bedarf noch einer einläßlicheren Auslegung im weiteren Kontext des ganzen Johannesevangeliums.

Ein letztes Gewissenskriterium

Die Juden, die Jesus geglaubt hatten, waren nach Johannes berufen, seine Jünger zu sein. Dazu hätten sie dort bleiben müssen, wohin sie schon gelangt waren: in seiner Nachfolge, im Gehorsam gegen sein Wort als dem anstößig konkreten Wort Gottes. Dessen Wahrheit, das ist dessen Zuverlässigkeit, hätte sich ihnen tiefer erschlossen durch ihre Befreiung von ihrem Kleinglauben.

Die Möglichkeit ihrer Befreiung – nicht theoretisch verstanden: als gnostische intellektuelle Erleuchtung – hängt für den Evangelisten an ihrer Einsicht, ihrem Eingeständnis, daß wir Menschen an Sünde und Tod versklavt sind und der Befreiung bedürfen. Diese Einsicht wurde Jesu Hörern im Vertrauen auf sein Wort eröffnet. Doch diejenigen, die ihn deshalb verfolgen, verharren in stolzem Protest, der sich auf die naturhaft verstandene Abrahamskindschaft beruft und übersieht, daß der Sünder – und das sind nach dem Zeugnis der Tora alle ohne Ausnahme – Sklave der Sünde ist.

Wirkliche Freiheit wird gemäß der johanneischen Theologie durch den Sohn in der Gemeinde seiner Jünger eröffnet, die lernen, allein auf die Ehre Gottes zu setzen und einander als von Gott Geehrte anzunehmen.

Jesu Urteil über die Juden, die ihm nicht glauben, stützt sich darauf, daß sie – wie es schon in der ersten größeren Auseinandersetzung heißt – „Ehre voneinander annehmen und die Ehre vom alleinigen Gott nicht suchen“ (5,44), während Jesus selber „von Menschen keine Ehre annimmt“ (5,41).

Über diejenigen, die sich zu ihm nicht bekennen, wird am Ende gesagt: „Sie liebten die Ehre des Menschen mehr als die Ehre Gottes“ (12,43). Damit ist ein letztes Gewissenskriterium gegeben, das letztlich jedem – mit Hilfe der anderen, die sich um die Ehre Gottes sorgen und einander helfen, von der Ehrsucht frei zu werden – zugänglich werden kann. Auch dieses Kriterium macht keinen Unterschied zwischen Juden und Christen.

Jesus erinnert an die Sündenfallerzählung

Die Absicht, Jesus zu töten, entlarvt die vermeintlichen Kinder Abrahams – des Vaters des Glaubens und des Erbarmens – als Kinder des Lügners und Mörders von Anbeginn: Sie haben sich auf den Widersacher eingelassen, auf ihn gehört, sind seinen Einflüsterungen erlegen. Die Rede Jesu gegen die Juden, die ihm geglaubt hatten, aber nicht seine Jünger blieben, ist deutlich erkennbar eine Meditation über die Sündenfallerzählung Genesis 2–4: Die Begierde des Verwirrers war von Anfang an, Gott den Gehorsam aufzukündigen, sein heilvolles Gebot in Zweifel zu ziehen, ihm lügnerisch zu widersprechen und so das Gift der Autonomie des Gott-gleich-sein-Wollens den Menschen einzupflanzen, die so in der Rivalität untereinander zu Brudermördern wurden. Die jüdische Legende erzählt nicht ohne Grund von Kain als Teufelssohn. Jesus argumentiert gegen die Juden, die ihm geglaubt hatten, ganz alttestamentlich-jüdisch, freilich mit der ihm eigenen Offenbarerautorität.

Und ebenso jüdisch ist die Argumentation im ersten Johannesbrief: „Das ist die Botschaft, die ihr von Anfang an gehört habt: Wir sollen einander lieben und nicht wie Kain handeln, der von dem Bösen stammte und seinen Bruder erschlug. Warum hat er ihn erschlagen? Weil seine Taten böse, die Taten seines Bruders aber gerecht waren“ (1 Joh 3,11 f.).

Genauso wie die innergemeindlichen Auseinandersetzungen unter den Christen beurteilt der Evangelist auch die Gegnerschaft gegen Jesus: „Wundert euch nicht, meine Brüder, wenn die Welt euch haßt“ (1 Joh 3,13).

Was bedeutet „die Welt"?

Die johanneische Redeweise von „der Welt" ist ebenso differenziert vielschichtig wie die von „den Juden". Einmal ist die Welt einfach die Schöpfung Gottes (z. B. 1,10) und als solche gut; zum anderen meint „Welt" die gesellschaftliche Öffentlichkeit (z. B. 12,19); schließlich aber bezeichnet „die Welt" – wie mitunter bei Paulus – auch und sogar in der Mehrzahl der Belege die von Gott abgefallene, in die Gottesferne geratene Menschheit. „Die Juden", die vom Glauben abgefallen sind, gesellen sich ihr zu und repräsentieren sie dann sogar in besonderer Weise (z. B. 15,18).

In den Johannesbriefen, die unmittelbar in die Situation der johanneischen Gemeinden hineinsprechen, sind ebenso die vom Glauben der Gemeinde abgefallenen Christen Repräsentanten „der Welt": „Sie sind aus der Welt; deshalb sprechen sie, wie die Welt spricht, und die Welt hört auf sie" (1 Joh 4,5).

Die Glaubenden sind nach Johannes – und damit wehrt er im Ansatz jeglichem Antijudaismus – inmitten der Welt die Repräsentanten der Liebe Gottes zur Welt, die in der Sendung seines Sohnes in die Welt offenbar geworden ist. Durch die Einheit der Glaubenden soll die Welt erkennen können, daß Jesus als ihr Befreier gesandt ist, als die Rettung, die aus den Juden gekommen ist.

Juden und Christen vor ein und demselben Anspruch

Was in Johannes 8 gegen „die Juden" vorgebracht wird, kann der Sache nach nur den Juden gelten – wie sie den Christen gilt –, die durch den anfänglichen Glauben mit dem Offenbarer und der Wirklichkeit der Offenbarung so vertraut waren, daß sie deren Verläßlichkeit in Freiheit hätten bejahen und sich dafür in Dienst nehmen lassen können. Nur gegen Berufene, mit der Tora, mit der Wirklichkeit der Offenbarung Vertraute, kann und darf so gesprochen werden, und nur so, daß die Verpflichtung, „Hüter des Bruders" zu sein, dabei ganz festgehalten bleibt.

Was in Johannes 8 gegen „die Juden" vorgebracht wird, wird in den Johannesbriefen wie in einem Kommentar zum Johannesevangelium in gleicher Weise gegen „die Christen" vorgebracht, die sich als „Antichristen" erweisen: „Sie sind aus unserer Mitte gekommen, aber sie gehörten nicht zu uns" (1 Joh 2,19).

Moses und Jesus stimmen überein

Die Wahrheit, die freimacht, auch das Johannesevangelium als ein Dokument einer innerfamiliären, nämlich innerjüdischen und innerkirchlichen Auseinandersetzung zu sehen, ist die von Moses und Jesus übereinstimmend vorgetragene Einsicht. Moses wie Jesus haben auf die Taten Gottes verwiesen, die sichtbar waren und Glauben verdienten.

Zu Beginn des Deuteronomiums heißt es z. B. im Mund des Moses:

„Der Herr, euer Gott, der euch vorangeht, wird für euch kämpfen, ebenso wie er – euch allen sichtbar – auf eurer Seite in Ägypten gekämpft hat. Das gleiche tat er in der Wüste, du hast es selbst erlebt. Da hat der Herr, dein Gott, dich auf dem ganzen Weg, den ihr gewandert seid, getragen, wie ein Vater seinen Sohn trägt, bis ihr an diesen Ort kamt. Trotz dieser Ermahnung habt ihr nicht an den Herrn, euren Gott, geglaubt" (Dtn 1,30–32).

Jesus sagt den Juden in Jerusalem: „Viele gute Werke habe ich euch gezeigt vom Vater" (10,32). Die Anerkennung dieser Wahrheit würde freimachen, ihm und mit ihm Gott zu glauben. Seinen Jüngern versprach Jesus sogar die größeren Werke (14,12). Damit erhielten sie eine große Verpflichtung, die sie mit jedem Anflug von Antijudaismus verrieten – geschweige denn in der Verfolgung der Juden, denen sie das Zeugnis der größeren Werke schuldig blieben.

Das Johannesevangelium deckt jedenfalls ihren Antijudaismus nicht; es entlarvt ihn als Sünde.

IV. Wie gnostisch ist das Johannesevangelium?

Die johanneische Redeweise von „den Juden“ ist – so haben wir gezeigt – nicht antijudaistisch gemeint. Aber schreitet das Johannesevangelium vielleicht – zumindest in seinem Prolog – über das Jüdische in eine fremde heidnische Welt hinaus, indem es sich mit dem gnostischen Virus infiziert und deshalb für eine antijudaistische Wirkung allzu anfällig wird?

Die Gnosis wendet sich gegen den irdischen und kollektiven Erlösungsbegriff des Alten Testaments und vergeistigt und individualisiert alles. Sie geht davon aus, daß der Gott des Alten Testaments, der Gott der Juden, ein böser Demiurg ist, ein Weltschöpfer, der unser Elend verursacht hat; er ist für das Jammertal, in dem wir leben, verantwortlich. Er hat die materielle Welt geschaffen, den dunklen Kerker, in dem die göttlichen Lichtfunken (die in uns schlummern) verbannt sind. Mit einem solchem Weltbild kann man die Entfremdung des Menschen als Schicksal deuten – statt als Sünde wie im Judentum.

Ist der Prolog des Johannesevangeliums von solcher Gnosis geprägt? Und hat das vierte Evangelium damit nicht doch dem Antijudaismus Vorschub geleistet?

1. Der Text des Prologs (Joh 1,1–18)

Der Prolog des Johannesevangeliums (Joh 1,1–18) ist ein Hymnus, der vom Evangelisten um die Prosaeinschübe (in den Versen 6–8 und 15) über Johannes den Täufer erweitert und an den Anfang seines Buchs gerückt worden ist. Das ältere urchristliche Lied folgte dem Rhythmus hebräischer Tradition. Es umfaßte zwei ausgewogene Hälften zu je drei Strophen.[10]

Die erste Hälfte:

Im Anfang war der Logos,
und der Logos war bei (dem)* Gott,
und Gott war der Logos;
dieser war im Anfang bei (dem) Gott.
Alles ist durch ihn geworden,
und ohne ihn wurde nicht eins.

In aller Schöpfung war er das Leben,
und das Leben war das Licht der Menschen.
Und das Licht scheint in der Finsternis,
und die Finsternis hat es nicht überwältigt.
Er war das wahre Licht,
das jeden Menschen erleuchtet,
das gekommen war in die Welt.

Er war in der Welt,
und die Welt ist durch ihn geworden,
und die Welt hat ihn nicht erkannt.
In das Eigene kam er,
und die Eigenen nahmen ihn nicht auf.

* „Der Gott" (griechisch *ho theos*) ist der einzige Gott Israels.

Die zweite Hälfte:

So viele aber ihn aufnahmen,
er gab ihnen Vollmacht,
Kinder Gottes zu werden:
denen, die an seinen Namen glauben,
die nicht aus Blut,
noch aus Fleisches Willen,
noch aus Mannes Willen,
vielmehr aus Gott gezeugt wurden.

Und der Logos ward Fleisch
und zeltete unter uns;
und wir schauten seine Herrlichkeit,
Herrlichkeit wie (des) Eingeborenen vom Vater
voll Gnade und Wahrheit.
Denn aus seiner Fülle haben wir alle empfangen,
und (zwar): Gnade um Gnade.

Denn die Tora wurde durch Moses gegeben,
die Gnade und Wahrheit ward durch Jesus Christus.
Gott hat niemand jemals gesehen.
Der einzige, der Gott ist
und im Schoß des Vaters (zu Hause) ist,
jener hat ihn gezeigt.

In die Offenbarungstheologie Israels eingebunden

Der Prolog des Johannesevangeliums ist – abgesehen von den Prosaeinschüben über Johannes den Täufer (1,6–8.15), die wir hier jetzt unberücksichtigt lassen – ein poetisch geformter Text. Von den sechs Strophen handeln je zwei von der Schöpfung, von der Offenbarung und von der Erlösung.

Strophe 1–2:

Von der Scheidung von Licht und Finsternis und dem Sieg des Lichtes in der Welt.

Strophe 3–4:

Von der Offenbarungsgeschichte als der Geschichte der Sammlung und Scheidung der Kinder Gottes (von den Kindern dieser Welt).

Zwischen Strophe 3 und 4 – und darin liegt die Berechtigung der Zweiteilung des Prologs – ist die Zäsur der Scheidung.

Strophe 5–6:

Von der Inkarnation des Logos und dem Aufscheinen seiner Herrlichkeit in der Gemeinschaft der Glaubenden.

Ein Vergleich mit den Grundannahmen gnostischer Spekulation macht den grundlegenden Unterschied dazu deutlich. Es erweist sich, daß das Logoslied des vierten Evangeliums ganz in der Offenbarungstheologie Israels wurzelt und darin eingebunden geblieben ist.

Und so läßt sich nochmals aufzeigen, daß das Johannesevangelium nicht durch eine antijudaistische Grundhaltung geprägt wurde. Das vierte Evangelium ist keiner antijudaistischen Tendenz verhaftet.

2. Der Logos ist keineswegs dem Weltschöpfer gnostischer Spekulation vergleichbar

Strophe 1:

Im Anfang war der Logos,
und der Logos war bei dem Gott,
und Gott war der Logos;
dieser war im Anfang bei dem Gott.
Alles ist durch ihn geworden,
und ohne ihn wurde nicht eins.

In der ersten Strophe des Prologs
wird mit den ersten beiden Worten „im Anfang", die in der vierten Zeile wiederholt werden, an die beiden ersten Worte der jüdischen Bibel angespielt. Die göttliche Qualität, das Gott-Sein des Logos, wird benannt. Der Logos ist durch seine Zeit (im Anfang = vor der Schöpfung) und durch seinen Ort (bei dem Gott = dem einen Gott, dem Vater) als göttlich erwiesen. Der Logos ist untrennbar mit Gott personal verbunden. Er gehört ganz auf die Seite Gottes.

Das Logoslied macht deutlich:
Als Gott anfing, Himmel und Erde zu schaffen (Gen 1,1), war der Logos schon bei ihm. Der Logos ist der göttliche Schöpfungsmittler. Er ist nicht ein neben oder gegen Gott stehender Demiurg (Weltschöpfer). Neben seiner Präexistenz (daß er schon vor der Erschaffung der Welt bei Gott war) wird im Lied die Schöpfungsmittlerschaft des Logos zur Sprache gebracht. Sie ordnet ihn ausnahmslos allem Geschaffenen vor, den sichtbaren und den unsichtbaren Dingen. Der Logos ist wahrer und wirklicher Gott.

Der Logos ist also keineswegs dem Demiurgen gnostischer Spekulation vergleichbar. Jener ist eher ein Gegengott – in Entsprechung zum dualistischen Weltverständnis der Gnosis. Der Logos ist hingegen mit der göttlichen

Weisheit verbunden, von der Israels Weisheitsliteratur vielfältig spricht.

Eine Gegenüberstellung
kann deutlich machen, wie sich das biblisch-johanneische vom gnostischen Denken unterscheidet:

Biblisch-johanneisch	Gnostisch
Der Logos hat in der Einheit mit dem einzigen Gott, selbst Gott, die gute Welt mitgeschaffen.	Der Demiurg ist von Gott unterschieden und hat eine böse Welt der Materie und der Finsternis geschaffen.
Der Logos kommt als das wahre Licht in die Welt; er ist das Lebensprinzip der Schöpfung und das Licht der Menschen, auf welche die Schöpfung zielt.	Die göttlichen Lichtfunken im Innern des Menschen befinden sich im finsteren Kerker der materiellen Welt, im körperlichen Leib-Gefängnis.
Es gibt keine Fremdheit zwischen dem göttlichen Wort und der Schöpfung, die durch den Logos geworden ist.	In-der-Welt-Sein ist Folge eines Falls aus der himmlischen Heimat, Existenz in der Fremde, im Zustand der Entfremdung.
Die Möglichkeit der Gotteserkenntnis ist durch den Logos allen Menschen gegeben.	Die Gnosis als Wissen um die göttlichen Geheimnisse ist einer Elite vorbehalten.

3. Der Logos ist das wahre Licht der Welt, kein Lichtfunke in finsterer Materie

Strophe 2:

In aller Schöpfung war er das Leben,
und das Leben war das Licht der Menschen.
Und das Licht scheint in der Finsternis,
und die Finsternis hat es nicht überwältigt.
Er war das wahre Licht,
das jeden Menschen erleuchtet,
das gekommen war in die Welt.

In der zweiten Strophe des Prologs,
die mit den Anfangsworten „in aller Schöpfung" an die erste („was geworden") angebunden ist, wird der Schöpfungsmittler, der Logos, als das Lebensprinzip alles Gewordenen bezeichnet. Er wird als das Licht vorgestellt, das dem Menschen Leben und Bewußtseinshelle schenkt.

Nach Genesis 1,3–5 ist das Licht Gottes erstes, durch sein Wort gewordenes Geschöpf, welches das Chaos der Finsternis eingrenzt und sie besiegt. Das Licht scheidet den Kosmos vom Chaos, es unterscheidet, spendet Leben, ist heilvoll. Für die wahrnehmende Existenz des Menschen ist es grundlegend. Der Mensch hat das Licht der Erkenntnis, auch der Gotteserkenntnis, der Unterscheidung von Gott und Welt. Das gehört zur Grundlegung seiner Freiheit.

Als die Weisheit Gottes ist das „wahre Licht" in die Welt gekommen. Es ist kein verzerrt gespiegeltes, kein trügerisches, kein (wie „Luzifer"!) als eigenständig erscheinen wollendes Licht. Das wahre Licht ist das göttliche, von Gott herkommende, zuverlässige Licht. Es hat die Wahrheit Gottes, des Schöpfers von Himmel und Erde, erkennbar gemacht und somit auch die Wahrheit der Welt als Schöpfung, die sich ganz dem Schöpfer verdankt.

Die siegreiche Souveränität des Schöpfers und Erlösers
Die Finsternis hat das Licht nicht überwältigt *(katalambano,* wie in Joh 12,35); so wird deutlich im Unterschied zur gnostischen Grundannahme formuliert, wonach die göttlichen Lichtfunken in der finsteren Welt der Materie eingekerkert sind. Nach der gnostischen Lehre leiden die von der Finsternis der Materie eingekerkerten göttlichen Licht- und Seelenfunken in dieser bösen Welt. Die jüdisch-christliche Unterscheidungslehre hält an der siegreichen Souveränität Gottes, des Schöpfers und Erlösers, fest.

In der zweiten Strophe des Prologs ist auch die Frage enthalten, ob die Menschen ihren Schöpfer anerkennen wollen. Es wird an eine Freiheitsgeschichte erinnert. Der Mensch als Geschöpf trägt Verantwortung. Er ist nicht wie im gnostischen Denken einem verhängnisvollen Schicksal ausgeliefert.

Jeder Mensch wird, wenn er es zuläßt und – wie Paulus im Römerbrief 1 formuliert – nicht die Wahrheit in Ungerechtigkeit erstickt, vom wahren Licht erleuchtet. Das wahre Licht hat in der Schöpfung seine Spur – und es hat sich in der Geschichte der Offenbarung in neuer Gestalt gezeigt: in der Israel geschenkten Weisheit, in der dem erwählten Volk gegebenen Tora. Von beidem singt z. B. Psalm 18, ins Lied übersetzt: „Die Sonne ist des Himmels Ehr', doch dein Gesetz, Herr, noch viel mehr, das du uns hast gegeben."

Eine zweite Gegenüberstellung
kann deutlich machen, wie sich das biblisch-johanneische vom gnostischen Denken unterscheidet:

Biblisch-johanneisch	Gnostisch
Israels Gott ist der einzige Gott, der Schöpfer Himmels und der Erde, der guten Welt.	Israels Gott ist ein zweiter Gott, der Demiurg, der Schöpfer der bösen Welt.
Die Finsternis, welche die Schöpfung bedroht, ist vom Logos in die Grenzen gewiesen worden.	Die aus der göttlichen Welt gefallenen Lichtfunken wurden von finsterer Materie „überwältigt".
Israel ist Gottes Eigentumsvolk, das er sich aus allen Völkern erwählt hat.	Der Gnostiker = der Mensch, „in dem Gott ist", ist der Erwählte.
Der Logos kam zu Israel, in der erhellenden Weisung.	Das Alte Testament ist eine düstere Urkunde des Demiurgen.
Israels Geschichte ist eine Geschichte der Sammlung und Scheidung – des Annehmens oder Verweigerns des Willens Gottes, der uns zu einem *Wir,* zu seinem Volk machen möchte.	Sammlung und Scheidung geschieht durch die Gnosis, das esoterische Wissen um das Woher und Wohin unseres Selbst und durch seine Befreiung von der Materie durch Askese und Tod.

4. Der Mensch ist verantwortlich, nicht ein vom Schicksal Geworfener

Strophe 3:

Er war in der Welt,
und die Welt ist durch ihn geworden,
und die Welt hat ihn nicht erkannt.
In das Eigene kam er,
und die Eigenen nahmen ihn nicht auf.

In der dritten Strophe des Prologs,
die mit der Anfangszeile „er war in der Welt“ an die zweite Strophe angebunden ist, wird die allgemeine und die spezielle Offenbarungsgeschichte als Unterscheidungsgeschichte begriffen. Der als Leben und Licht, durch die Weisheit *(Chokma)* in der Welt wirkende Logos macht die Welt als Schöpfung erkennbar. Und somit macht er die Anerkennung des Schöpfers in Freiheit möglich.

Die ganze Welt ist erhellt durch das Licht (das physische wie das geistige). Sie ist als Kosmos vom Chaos (das als Finsternis die Welt zum Verschwinden bringt) unterschieden. Sie kann vom Menschen, der sich durch das wahre Licht erleuchten läßt, als Schöpfung erkannt werden. Der Mensch als Sachwalter des Kosmos kann, wenn er nicht dem Stolz seines Geistes verfällt oder in Angst oder Götzendienst ein Stück Welt verteufelt oder vergöttert, den Schöpfer anerkennen.

Die Gnostiker schwanken zwischen Askese (Verzicht) und Libertinismus (Beanspruchung von allem). Johannes sieht die Menschen in ihrer Verantwortung, nicht als in die Welt geworfene Sklaven und nicht als Übermenschen.

Der Mensch, das Ebenbild Gottes, wollte den Schöpfer nicht anerkennen; so erzählt Genesis 2–4. Die Welt, das heißt die Menschheit, hat den Logos nicht erkannt und somit auch den Schöpfer nicht anerkannt, auf den der Schöpfungsmittler durch das Leben und durch das Licht der Weisheit verweist. Die Welt verkennt ihren Bauplan und damit auch den Plan ihres Schöpfers für sie. Das Licht dazu ist ihr gegeben, und sie kann sich nicht mit einer Übermacht der Finsternis entschuldigen.

Grundworte der Schöpfungs- und Geschichtstheologie

Der Logoshymnus ruft die grundlegenden Stichworte jüdisch-biblischer Schöpfungs- und Geschichtstheologie auf. Die Welt ist vom Schöpfer (durch seine Weisheit, als welche der Logos in der Welt wirkt) nach einem erkennbaren Bauplan geschaffen. Nur der Tor kann in seinem Herzen die Existenz des Schöpfers leugnen und ihm die Anerkennung verweigern. Solche Torheit kennzeichnet freilich die heidnisch-götzendienerische Welt, von der sich Israel als das ausgesonderte Volk durchweg zu unterscheiden sucht.

Zu Israel, „in das Eigene", das heißt das Eigentumsvolk Gottes, kam der Logos in der Tora, die dem Volk am Sinai gegeben wurde: Das „Kommen" deutet Bewegung, das Herabsteigen Gottes, die besondere Offenbarungsgeschichte an. Gott ist zur Offenbarung seines Namens vor Moses am Dornbusch und zur Übergabe der Tora auf dem Sinai „herabgestiegen" (vgl. Ex 3,8; 19,20). Dem Kommen zu denen, mit denen eine besondere Beziehung gestiftet ist (durch den Bund), entspräche das „Aufnehmen" (eine gegenüber dem „Erkennen" noch stärker personale Kategorie).

Dem Logos wurde die Aufnahme verweigert

Mit dem letzten Satz der dritten Strophe schließt zugleich die erste Hälfte des Prologs: „Und die Eigenen nahmen ihn nicht auf"! Der in der Gestalt der Tora zu Israel gekommene Logos ist von den Israeliten, die als einzelne in ihrer Freiheit und Verantwortung gesehen sind, nicht aufgenommen, d. h. (im Blick auf die große prophetische Tradition, vgl. z. B. Jes 6,10) nicht ins Herz genommen worden.

Wie Paulus in Römerbrief 3,9–20 dürfte der Logoshymnus Urteile der Schrift selbst über Israel vor Augen haben:

„Es gibt keinen der gerecht ist, auch nicht einen;
es gibt keinen Verständigen, keinen der Gott sucht.
Alle sind abtrünnig geworden, alle miteinander taugen nichts.
Keiner tut Gutes, auch nicht ein einziger"
(vgl. Koh 7,20; Ps 14,1–3; 53,2–4).

Dem Pauschalurteil über die Nichtaufnahme des Logos folgt freilich zu Beginn der zweiten Hälfte des Logoslieds in der vierten Strophe – ebenfalls schriftgemäß – sofort die unterscheidende Einschränkung: „So viele aber ihn aufnahmen ..." Es gab und gibt Ausnahmen, die nicht im breiten Strom mitschwammen, sondern sich herausrufen ließen. Es gab und gibt den Rest, der sich sammeln ließ. Der Logoshymnus nennt sie die „Kinder Gottes".

5. Sammlung und Scheidung der Kinder Gottes – keine natürliche Gotteskindschaft

Strophe 4:

So viele aber ihn aufnahmen,
er gab ihnen Vollmacht,
Kinder Gottes zu werden:
denen, die an seinen Namen glauben,
die nicht aus Blut,
noch aus Fleisches Willen,
noch aus Mannes Willen,
vielmehr aus Gott gezeugt wurden.

In der vierten Strophe des Prologs,
die mit der Anfangszeile „so viele aber ihn aufnahmen" an die dritte Strophe angebunden ist, wird von der Sammlung und Scheidung der Kinder Gottes in Israel gesprochen. Zugleich kommt die Öffnung des Gottesvolks für die Glaubenden aus den Heiden (die ja als Proselyten auch schon vor dem Kommen des Messias Jesus Zugang zu Israel hatten) mit in den Blick.

Schon die Annahme oder Nichtannahme des Logos in seinem Kommen in der Tora war ein Vorgang der Unterscheidung zwischen „Israel dem Fleische nach" und „Israel dem Geiste nach".

Die Vollmacht der Gotteskindschaft ist zwar einerseits dem Gottesvolk als ganzem (das am Sinai die Tora anzunehmen versprach) gegeben (vgl. Ex 4,22; Dtn 1,31; 32,6; Hos 11,1), andererseits gab der Logos sie innerhalb des Volkes nur denen, die ihn bereitwillig aufnahmen. Denn die Gotteskindschaft ist keine naturhafte, sondern eine heilsgeschichtliche Gabe, die auch verspielt werden, verlorengehen kann.

Kein Gegensatz, nur ein Unterschied

Schon die Aufnahme der Tora war und ist Aufnahme des Logos und darin Ehrung des Schöpfers. Zu dieser Unterscheidung verweist der johanneische Jesus auf Moses als seinen Zeugen. Diejenigen, die Moses glauben und sich an die Tora halten, kommen, so sieht es das Logoslied, auch zum Glauben an den Namen des Logos, an die Person des sich Offenbarenden: Jesus Christus (vgl. Strophe 5 und 6); ihm hat Gott den KYRIOS-Namen, seinen eigenen Namen verliehen (*Kyrios* = HERR ist die Wiedergabe von JHWH).

So hat es auch ein anderes urchristliches Messias-Lied über Jesus Christus formuliert:

> „Darum hat Gott ihn über alle erhöht
> und ihm den Namen verliehen,
> der größer ist als alle Namen,
> damit alle im Himmel
> und auf der Erde
> und unter der Erde
> ihre Knie beugen vor dem Namen Jesu
> und jeder Mund bekennt:
> ‚Jesus Christus ist der HERR' –
> zur Ehre Gottes des Vaters" (Phil 2,6–11).

Es gibt keinen Gegensatz, sondern nur einen Unterschied zwischen der Epiphanie des Logos in der Tora und seiner Epiphanie im Fleisch. Statt einen Gegensatz zwischen Altem und Neuem Testament zu konstruieren, sollten wir die Untrennbarkeit von Verheißung und Erfüllung wahrnehmen und von einem erneuerten Bund reden, dem einen Bund in der Vielfalt der Bünde.[11]

Moses, so erfuhren wir schon, ist im Johannesevangelium Zeuge für Jesus als den Messias.

Keine natürliche Gotteskindschaft

Das Wesen der Gotteskindschaft wird in der vierten Strophe zunächst dadurch geklärt, daß eine natürliche Herkunft dreifach ausgeschlossen wird:

- „nicht aus Blut", d. h. nicht aus menschlicher Zeugung (nach damaligem Verständnis die Vermischung von männlichem und weiblichem Blut, daher auch der Plural *haimaton)*;
- „nicht aus Fleisches Willen", d. h. nicht aus menschlicher Herkunft, kein Gemächte des Menschen, seiner Intelligenz, seines Wollens;
- „nicht aus Mannes Willen", d. h. nicht aus der Begierde des Geschlechts.

Das Vertrauen auf den Namen JHWHs und seine Willensoffenbarung in der Tora scheidet von Anfang an in Israel die Glaubenden von denen, die sich auf Menschenweisheit, -macht oder -kraft verlassen. Der Psalter ist z. B. eine Schule solcher Unterscheidung:

> „Er hat keine Freude an der Kraft des Pferdes,
> kein Gefallen am schnellen Lauf des Mannes.
> Gefallen hat der Herr an denen,
> die ihn fürchten und ehren,
> die voll Vertrauen warten auf seine Huld" (Ps 147,10 f.).

> „Verlaßt euch nicht auf Fürsten, auf Menschen,
> bei denen es doch keine Hilfe gibt.
> Wohl dem, dessen Halt der Gott Jakobs ist" (Ps 146,3.5).

„Aus Gott gezeugt"

Die Gotteskinder sind „aus Gott gezeugt" – analog zur Sohnschaft des Logos –, durch den Glauben, der ewiges Leben in der Gemeinschaft mit Gott mitteilt. Der Logos ist so Mittler der Schöpfung und der Erlösung. Die Gotteskindschaft ist eine geschichtliche Gabe göttlicher Mitteilung in der Freiheits- und Bundes-, das heißt Liebesgeschichte zwischen Gott und seinem Volk; sie ist keine natürliche Mitgift und auch nicht – wie in der Gnosis – die verborgene, wahre, geistige Realität im falschen Schein der materiellen Trugwelt.

Im Johannesevangelium wird die Abrahamskindschaft, insofern sie Gotteskindschaft mitbegründet, in der biblischen Unterscheidung von Natur und Gnade, von „Fleisch“ und „Geist“ geortet. Der Evangelist denkt der Sache nach nicht anders als Paulus, der im Galaterbrief – in innerjüdischer bzw. innerjudenchristlicher Auseinandersetzung – den Abrahamssohn, „der auf natürliche Weise gezeugt war“ („dem Fleische nach“), unterschieden hatte vom Sohn, „der kraft des Geistes gezeugt war“ („dem Geiste nach“):

„In der Schrift wird gesagt, daß Abraham zwei Söhne hatte, einen von der Sklavin, den andern von der Freien. Der Sohn der Sklavin wurde auf natürliche Weise gezeugt, der Sohn der Freien aufgrund der Verheißung (...) Ihr aber, Brüder, seid Kinder der Verheißung wie Isaak“ (Gal 4,22–23.28).

Eine dritte Gegenüberstellung
kann deutlich machen, wie sich das biblisch-johanneische vom gnostischen Denken unterscheidet:

Biblisch-johanneisch	Gnostisch
Die Gotteskindschaft ist geschichtlich-übernatürlich begriffen.	Die Gotteskindschaft ist mythisch-natürlich begriffen.
Die Kinder Gottes sind „aus Gott gezeugt“ – durch das Pneuma (den Heiligen Geist) im Glauben (und in der Taufe).	Die Kinder Gottes sind die göttlichen Lichtfunken aus der Welt Gottes, erlöst durch die „Gnosis“.

„Blut", „Fleischeswillen" und „Manneswillen" sind natürlich-schöpfungsgemäße Gegebenheiten; sie werden pervertiert, wenn sie Bezugspunkte des „Sich-verlassen-Auf" werden, wenn sie zu „Götzen" werden, zur „Welt" im negativen Sinn, die vom „Fürsten dieser Welt" beherrscht ist.

Die ganze materielle (und psychische) Welt ist böse als Werk des Demiurgen, der im Unterschied zum guten Gott der böse Weltschöpfer ist; die materielle Welt ist das Gefängnis der Lichtfunken", die aus der oberen, himmlischen Welt stammen und dort ihre wahre Heimat haben.

6. Die Menschwerdung des Logos – Kampfansage an die Gnosis

Strophe 5:

Und der Logos ward Fleisch
und zeltete unter uns;
und wir schauten seine Herrlichkeit,
Herrlichkeit wie (des) Eingeborenen vom Vater
voll Gnade und Wahrheit.
Denn aus seiner Fülle haben wir alle empfangen,
und (zwar): Gnade um Gnade.

Die fünfte Strophe des Prologs

ist an die vierte mit der Anfangszeile „Und (hier: Ja, fürwahr!) der Logos ward Fleisch“ angebunden. Sie spricht von der gottgezeugten Inkarnation des Logos und seiner Gegenwart in der Gemeinde. Zu ihr gehören die, die an ihn glauben (angedeutet mit: „uns“ und „wir“) und seine göttliche Herrlichkeit schauen – und zwar als die im Fleisch offenbare (vgl. 1 Tim 3,16).

Jetzt ist nach der ersten Strophe erstmals wieder ausdrücklich vom Logos die Rede. Und so ist ein bedeutender antithetischer Bogen gespannt, den Johann Albrecht Bengel 1742 schon so vorgestellt hat:

Verbum	
erat in principio	factum est
Deus	caro
apud Deum	et habitavit in nobis

Die Inkarnation des Logos im Messias Jesus ist seine „Zelteinwohnung“ in diesem Menschen. Der darin aufstrahlende *Kabod*, die Herrlichkeit Gottes, des Vaters selbst, ist durch den eingeborenen Sohn, den Logos, wahrnehmbar geworden.

Gottes Herrlichkeit ist sichtbar geworden

Der Evangelist formuliert nach der Erzählung von der Hochzeit zu Kana: „So tat Jesus sein erstes Zeichen in Kana in Galiläa und offenbarte seine Herrlichkeit, und seine Jünger glaubten an ihn" (2,11). Die Herrlichkeit Jesu ist das „Gewicht" Gottes, das ihm eignet.

Die im inkarnierten Logos anschaubar gewordene Herrlichkeit des Vaters ist im Logoslied mit „voll Gnade und Wahrheit" als wirklich-authentisch göttlich bestimmt: Gott hat sein innerstes Sein, Gnade und Wahrheit – nach der späteren Auslegung des Evangelisten: „ewiges Leben" – als das göttliche Heil den Glaubenden erschlossen: „Gnade um Gnade". Diejenigen, die sie schauten und aus ihrer Fülle empfingen, sind die apostolischen Zeugen, die auch für die Wahrheit des Evangeliums bürgen. Sie sind Zeugen der Vollendung der Offenbarung. „Das Ziel, die Vollendung der Offenbarung, wird in der Menschwerdung des Logos erreicht. Gegenüber einer sich im geistigen Bereich vollziehenden Erscheinung des Logos, einer menschlichen Aufnahme, wie sie in V. 12 f. beschrieben wird, formuliert V. 14 unmißverständlich, aber prinzipiell wie präzis, daß der ‚Logos' Fleisch wurde, und nimmt damit den alttestamentlichen Terminus *basar* auf, der die für den Menschen konstitutive irdische Leiblichkeit bezeichnet".[12] Der Mensch Jesus von Nazareth, der Jude, zeigt ganz, wer Gott ist.

Wendepunkt der Heilsgeschichte

Mit der Inkarnation des Logos – dem der Messias Jesus als einziger und letzter Wohnung gewährt hat – ist ein Wendepunkt in der Heilsgeschichte erreicht, der jeden ganz neu mit der Glaubensfrage konfrontiert. Das Licht, die Chokma, die Tora waren und sind „Zeichen, denen widersprochen wird", aber „dieser ist (vollends) gesetzt zum Fall und zur Auferstehung vieler in Israel" (Lk 2,34), der auf dem Zion gesetzte „Stein des Anstoßes" (vgl. Jes 8,14; 28,16, aufgenommen in Röm 9,32 f.; 1 Petr 2,6–8).

Das Johannesevangelium und die Johannesbriefe halten unverrückbar – gegen jede gnostische (oder doketische) Versuchung – am Glauben daran fest, daß der Logos Fleisch, Mensch, ein Jude, geworden ist: „Daran erkennt ihr den Geist Gottes: Jeder Geist, der bekennt, Jesus Christus sei im Fleisch gekommen, ist aus Gott. Und jeder Geist, der Jesus (so) nicht bekennt, ist nicht aus Gott" (1 Joh 4,2 f.).

Kampfansage an die Gnosis

Solche Formulierungen sind eine Kampfansage an die Gnosis. Diese Kampfansage der johanneischen Gemeinden an die Gnosis ist aber nicht gleichzeitig eine Kampfansage an das Judentum, denn sie wissen: Der Messias Jesus ist Jude.

Überdies: Die Irrlehrer, vor denen die Johannesbriefe warnen und die sie als „Antichriste" bezeichnen, „sind überwiegend in heidenchristlichen Kreisen zu suchen. Das ergibt sich aus der Argumentationsweise, die keinerlei Schriftbeweis kennt, der Bevorzugung des Titels ‚Sohn Gottes' für Jesus u. a. Die These (...) daß es sich um jüdische Gegner handle, denen gegenüber die Messianität Jesu verteidigt werde, hat fast überall (in der Forschung) Ablehnung erfahren."[13] Die Kampfansage gilt christlichen Irrlehrern, nicht den Juden oder dem Judentum – es geht um die Unterscheidung innerhalb der Kirche:

„Viele Verführer sind in die Welt hinausgegangen; sie bekennen nicht, daß Jesus Christus im Fleisch gekommen ist. Das ist der Verführer und der Antichrist" (2 Joh 7).

„Sie sind aus unserer Mitte gekommen, aber sie gehörten nicht zu uns; denn wenn sie zu uns gehört hätten, wären sie bei uns geblieben. Es sollte aber offenbar werden, daß sie alle nicht zu uns gehörten" (1 Joh 2,19).

Die Gnostiker gehören nicht zur christlichen Gemeinde – und ebensowenig sollte jeglicher Antijudaismus bei ihr zu Hause sein.

7. Wahrer Mensch und wahrer Gott – Einheit von Schöpfung und Erlösung

Strophe 6:

Denn die Tora wurde durch Moses gegeben,
die Gnade und Wahrheit ward durch Jesus Christus.
Gott hat niemand jemals gesehen.
Der einzige, der Gott ist
und im Schoß des Vaters (zu Hause) ist,
jener hat ihn gezeigt.

Die sechste Strophe des Prologs,
als letzte nicht direkt an die vorige angebunden, faßt zusammen: Die von Gott durch Moses gegebene Tora war als noch unerfüllter Anfang die vermittelte Willensoffenbarung Gottes; erst ihre vollständige Annahme, ihr Vollzug im ungeteilten Tun hätte das Heil vermittelt.

Die durch den Messias Jesus gekommene, in ihm selbst unvermittelt präsente Wesensoffenbarung Gottes – die Präsenz von „Gnade und Wahrheit" – ist die Vollendung der Heilsgeschichte. „Wer mich gesehen hat, hat den Vater gesehen", spricht der johanneische Jesus in den Abschiedsreden zu Philippus (14,9). An einer früheren Stelle läßt der Evangelist Jesus vor der Jerusalemer Öffentlichkeit schon sagen: „Wer mich sieht, sieht den, der mich gesandt hat" (12,45).

Der in Jesus Christus inkarnierte Logos ist – wie die Aussage der ersten Strophe jetzt zusammengefaßt ist – „der einzige, der Gott ist", „ein eingeborener Gott", auf dem Schoß des Vaters wie ein Kind, wie ein Sohn, zu Hause. Er kann berichten, er kann zeigen, wer Gott ist.

Die an Moses ergangene Willensoffenbarung Gottes, die auch in einer Gotteschau, aber einer verhüllten, vorläufigen, gewährt wurde, ist nun eschatologisch-definitiv überboten durch die Wesensoffenbarung Gottes in dem, der aus dem Schauen von Angesicht zu Angesicht zu erzählen vermochte.

„Amen, amen, ich sage euch: Der Sohn kann von sich aus nichts tun, wenn er nicht den Vater etwas tun sieht; denn was jener tut, dies tut desgleichen der Sohn" (5,19), sagt der johanneische Jesus den Juden in Jerusalem.

Schöpfung und Erlösung durch den einen Gott

Von Anfang an repräsentiert der Logos das Lebensheil der Menschen: im Licht, in der Weisheit und in der Tora, den ewigen und geschichtlichen Ordnungen von Schöpfung und Offenbarung. Am Ende hat er als Fleischgewordener die Erlösung gebracht – für alle, die an seinen Namen glauben, der nun anstößig konkret wurde: Jesus Christus.

Der Logos des Johannesprologs ist das ewige Schöpfungs*wort* Gottes – nicht die Weltvernunft der griechischen Philosophie, noch weniger der göttliche Bote gnostischer Spekulation. Gott wird durch ihn erkannt, in ihm – nicht im Selbst des vermeintlich göttlichen Innern des Gnostikers.

Der Logos ist der Schöpfungsmittler: für die Erschaffung der Welt, für die Erschaffung Israels, des Gottesvolks, und für dessen Neuschöpfung in der Kirche, in der Juden und Heiden Zugang zum eschatologischen Heil finden. Er ist „Anfang" (Spr 8,22) und Ende der Wege des HERRN, „Mitthroner" (Weish 9,4), „Gottes Wonne – bei den Menschenkindern" (Spr 8,30 f.).

Logos

Der Prolog hat einen in Israels Theologie wurzelnden Begriff gewählt: Logos. Dieser Begriff verbindet Schöpfung und Heilsgeschichte, und er steht für die Einheit der Geschichte des einen Volkes Gottes mit seiner kosmopolitischen Aufgabe.

Von jeder gnostischen Spekulation unterscheidet sich der Logoshymnus des Johannesevangeliums dadurch, daß er an der Identität des Schöpfungs- und Erlösungsmittlers festhält und damit zugleich an der Identität des einen, einzigen, wahren Gottes – und seines Volkes.

Deshalb leistet der Prolog des Johannesevangeliums auch keinem Antijudaismus Vorschub. Im Gegenteil: Er hält den Leser des vierten Evangeliums an, ganz in der Offenbarungsgeschichte Israels beheimatet zu bleiben – ohne welche die Geschichte des Juden Jesus und seine Stiftung der *ekklesia* unverständlich (und unwirksam) bleiben.

V. Der Verfasser des Johannesevangeliums – Garant jüdischer Tradition

War das vierte Evangelium das älteste?

Zu unseren bisherigen Ergebnissen, daß das Johannesevangelium weder direkt antijudaistisch noch indirekt – weil gnostisch – antijudaistisch geprägt ist, paßt sehr gut, was die jüngste Forschung über seinen Verfasser vorzubringen weiß. Wir stellen die wichtigsten Auskünfte kurz vor. Dabei sehen wir von der allerjüngsten Überraschungs-Hypothese hier ab, wonach das Johannesevangelium das älteste der vier Evangelien sein könnte.[14] Abgesehen davon, daß sie sich in der wissenschaftlichen Diskussion noch nicht bewährt hat, bietet ihre Voraussetzung, daß der Verfasser des vierten Evangeliums der Herkunft nach aus Alexandrien gewesen und von dort über Palästina nach Kleinasien gewandert sei, der Spekulation darüber, wieviel an jüdischer Tradition er schon aus Alexandrien mitgebracht und in Palästina oder schließlich in Ephesus noch aufgenommen habe, zu viel Raum, den wir hier nicht abschreiten können. Überdies kommt es jener Hypothese vor allem darauf an, die Frage nach authentischer Jesusüberlieferung im Johannesevangelium neu ins Gespräch zu bringen.

Vor allem aber sucht man in der Ausfaltung dieser neuen Hypothese vergeblich nach einer Darstellung und Würdigung der altkirchlichen Überlieferung über den Verfasser des vierten Evangeliums. Wir müssen uns aber gerade damit etwas beschäftigen.

1. Der Presbyter Johannes

Am Ende des ersten Jahrhunderts lebte nach Ausweis der altkirchlichen Überlieferung in Ephesus ein bedeutender Lehrer und Traditionsträger, der Presbyter Johannes. Man sagte ihm nach, er sei noch Jünger Jesu gewesen.

Die altkirchliche Tradition über den vierten Evangelisten

Die altkirchliche Überlieferung hat den im Johannesevangelium wiederholt genannten „Lieblingsjünger", der am Schluß des Evangeliums als dessen Verfasser vorgestellt wird, mit einem Jünger Jesu namens Johannes identifiziert. Irenäus von Lyon hat in seinem Buch gegen die Häretiker (Adversus haereses III,1,1) eine berühmte Übersicht über die Abfassung der vier Evangelien vorgelegt:

„**Matthäus** brachte seine Evangelienschrift bei den Hebräern in ihrer Sprache heraus, als Petrus und Paulus in Rom predigten und die Gemeinde gründeten.

Nach deren Tode schrieb **Markus,** der Jünger und Dolmetscher des Petrus, dessen Verkündigung für uns auf.

Auch **Lukas,** der Paulus gefolgt war, legte das von jenem verkündigte Evangelium in einem Buch nieder.

Zuletzt gab **Johannes,** der Jünger des Herrn, der auch an seiner Brust gelegen hatte, selbst das Evangelium heraus, als er sich in Ephesus in Asien aufhielt."

Die immer neu diskutierte Frage lautet, ob Johannes, der Lieblingsjünger, mit dem Zebedaiden und Apostel Johannes oder mit dem davon unterschiedenen kleinasiatischen Presbyter Johannes gleichzusetzen sei. Die Schlüsselrolle für diese Frage kommt einer Bemerkung des Papias von Hierapolis zu Beginn des 2. Jahrhunderts zu, der schildert, wie er mit der von Jesus herkommenden Tradition Kontakt hatte:

„Wenn mir aber jemand zufällig in den Weg kam, der den Alten als Schüler nachgefolgt war, so forschte ich nach den Lehren der Alten, was Andreas oder was Petrus gesagt hatten oder was Philippus oder was Thomas oder was Matthäus oder Jakobus oder was Johannes oder irgend ein anderer von den Herrenjüngern, ferner was auch Aristion und der Presbyter Johannes, des Herrn Jünger, sagen“ (nach Eusebius, Kirchengeschichte III,37,4).

Der Autor: der Presbyter Johannes

Wenn die beiden Jünger, die den Namen Johannes tragen, zwei verschiedene Personen sind, kommen beide für die Identifizierung mit dem Verfasser des vierten Evangeliums in Frage. Nach den eingehenden Untersuchungen von Martin Hengel (Die johanneische Frage, 1993)[15] darf der zweitgenannte, der Presbyter Johannes, als der Autor des vierten Evangeliums gelten.

Wir können den Gang von Martin Hengels ausführlicher Untersuchung nicht nachzeichnen und setzen die Stichhaltigkeit seiner Darlegungen hier voraus. Wir konzentrieren uns allein auf die Frage, was die Annahme, der Presbyter Johannes sei der vierte Evangelist, für die Diskussion um den angeblichen Antijudaismus des Johannesevangeliums austrägt.

Wir fragen also: Wer war dieser Presbyter Johannes? Woher stammte er? Welche Welt repräsentiert er? War er selbst Juden- oder Heidenchrist? Sind bei ihm antijudaistische Einstellungen zu erwarten oder nicht?

Ein Lehrer aus dem palästinischen Judentum

Der Presbyter Johannes ist nach den Darlegungen von Martin Hengel ein aus dem palästinischen Judentum stammender Lehrer. Ins jüdische Palästina weist schon sein Name Johannes, der dort besonders in priesterlichen Familien ein beliebter Eigenname war. „Daß der Autor aus dem jüdischen Eretz Israel stammt, zeigt z. B. die Tatsache, daß er eine *Koine* (Griechisch) mit einem deutlichen semitischen Einschlag schreibt“ (S. 324). Für die Herkunft des Autors aus Palästina sprechen eine Reihe von aramäischen Namen und Begriffen (Messias, Kephas, Rabbi usw.), die er verwendet und die übersetzt werden, ebenso hebräische oder aramäische Ortsnamen (Siloam, Gabbatha, Golgotha usw). „Besonders in Jerusalem und Judäa, aber auch in Samaria und selbst in Galiläa überliefert Johannes nicht wenige erstaunlich zutreffende geographische, historische und religiöse Details und interessante Angaben über jüdische Gebräuche und Feste" (S. 329). Oberflächliche Reiseerfahrungen eines Landfremden reichen als Erklärung dafür nicht aus, daß der Autor in Jerusalem über die Halle Salomos, den Unterschied der Residenzen des Hannas und des Kajaphas, die Lage von Golgotha u. a. Bescheid weiß.

Johannes kennt halachische Bestimmungen, jüdisch-haggadische Überlieferungen, „und er nennt als einziger neutestamentlicher Autor das von Antipas neugegründete Tiberias, u. a. auch zur Bezeichnung des Sees" (S. 325). Er weiß, daß das Tempelweihfest im Winter gefeiert wird und daß am herodianischen Tempel in Jerusalem 46 Jahre gebaut wurde; er ist mit jüdisch-palästinischem Lokalkolorit ebenso vertraut wie mit jüdischen Bräuchen und Überlieferungen.

Was alles nach Palästina weist

„Nach Palästina weisen ebenfalls die zahlreichen sprachlichen und theologischen Qumran-Parallelen" (S. 293). Die Vorstellung eines Erlösers, der Gott vertritt, eines himmlischen Gottesboten und der Präexistenz des Messias-Menschensohns sind tief im jüdisch-heilsgeschichtlichen Denken begründet. „Die Christologie ist seit Ostern auf dem Wege zur Gottheit Christi, und die Bausteine sind dabei fast durchweg jüdischer Herkunft" (S. 296).

Johannes hat sein Evangelium „in schlichtem, von der Sprache jüdischer Frömmigkeit gesättigtem, nichtliterarischem Koinegriechisch geschrieben, wie es auch von der Mittel- und Oberschicht etwa in Jerusalem gesprochen wurde" (S. 276 f.).

Traf der junge Johannes in Jerusalem auf Jesus?

Aller Wahrscheinlichkeit nach also stammt der Verfasser des vierten Evangeliums aus dem jüdischen Palästina; als junger Mensch schon kann er in Jerusalem mit Jesus oder der Bewegung seiner Anhänger in Berührung gekommen sein, vielleicht nachdem er zuvor unter den Anhängern Johannes des Täufers anzutreffen war (und damit in der Nähe von Qumran, die für die Urgemeinde freilich auch im Essenerviertel Jerusalems gegeben war).

Im ersteren Falle hätte er „bereits in persönlicher Verbindung mit Jesus dessen Ende in Jerusalem erlebt und wäre – noch sehr jung – zum weiteren Jüngerkreis bzw. der ersten Urgemeinde gestoßen. Vermutlich stand er in einem näheren Verhältnis zum Zebedaiden Johannes und darüber hinaus zu dem – älteren – Philippus aus dem Kreis der Sieben, der vielleicht aus dem Zwölferkreis in die Gemeinde der Hellenisten übergetreten war“ (S. 324).

Als sich in den 50er Jahren in Jerusalem der zelotische Druck gegen die Urgemeinde steigerte, hat Johannes die Stadt wahrscheinlich verlassen: Er hatte hier in den zwanzig bis dreißig Jahren zuvor die wiederholte Verhaftung der Apostel, die Steinigung des Stephanus, die Verfolgung der Gemeinden der „Hellenisten“ (der griechischsprechenden Judenchristen) unter Saulus, die Enthauptung des Zebedaiden Jakobus, die Einkerkerung und Flucht des Petrus, vielleicht auch noch die verhinderte Steinigung des Paulus erlebt, wahrscheinlich nicht mehr die Steinigung des Herrenbruders Jakobus im Jahr 62 n. Chr. „Die Schärfe der Auseinandersetzung mit den Juden im Evangelium mag auf damalige traumatische Erfahrungen zurückgehen“ (S. 324 f.).

Johannes in Ephesus

Als Johannes sein Evangelium vollendete, hatte er vielleicht schon dreißig bis vierzig Jahre in Kleinasien gewirkt, wo er einen Schülerkreis sammelte, der vermutlich seine Schrift mit dem Nachtragskapitel Johannes 21 nach seinem Tod herausgab. „Unter den Anhängern in Kleinasien galt er in späteren Jahren als der ‚Alte' und als ein ‚Jünger des Herrn'. Seine Autorität wuchs in dem Maße, als er die anderen Jünger überlebte" (S. 325).

Johannes lebte nach seiner Auswanderung aus Jerusalem und Palästina in Ephesus in den letzten Jahrzehnten des 1. Jahrhunderts in einer allmählich überwiegend heidenchristlichen Kirche. Auf die Auseinandersetzung mit „den Juden" in Jerusalem blickte er aus großem Abstand schon zurück – sie war nicht sein aktuelles Anliegen oder ein ihm aufgenötigtes aktuelles Programm.

Mit Martin Hengel ist „festzuhalten, daß die schroffe Auseinandersetzung Jesu mit den Juden im vierten Evangelium keinesfalls eine einfache Widerspiegelung der Angriffe zeitgenössischer jüdischer Kontrahenten gegen die johanneischen Christen darstellt. Die heutige Tendenz, möglichst viele Nachrichten in den Evangelien vorschnell auf die Gegenwart der jeweiligen ‚Gemeinde' des Evangelisten zu beziehen, führt leicht zu Fehldeutungen" (S. 293).

Erinnerung über ein halbes Jahrhundert zurück

Johannes schreibt also sein Evangelium – in Erinnerung an das Geschehen in Jerusalem, das mehr als ein halbes Jahrhundert zurückliegt. Johannes besitzt aber durchaus noch „eine z. T. lebendige Vorstellung der Vorgänge in Jerusalem, die in einzelnen Punkten exakter ist als die synoptische Tradition, darüber hinaus viel dramatischer und polemischer. Bei seiner Eigenart, gegen alle ‚historische Realität' Gegenwart und Vergangenheit, Überlieferung und geistgewirkte Deutung völlig miteinander zu verschmelzen, fällt dies besonders auf, denn sonst wird das ursprüngliche Geschehen fast bis zur Unkenntlichkeit entstellt – zumindest können wir es kaum mehr entziffern. Sein Bild der Verhältnisse in Jerusalem ist eine eigenartige Mischung interessanter und vielleicht zuverlässiger Fakten, gegenwartsbezogener Polemik und christologischer Interpretation. Dies erklärt auch die spätere Hochschätzung des vierten Evangeliums in solchen Kreisen, die mit den ‚zufälligen Geschichtswahrheiten' wenig anzufangen wissen" (S. 296).

Wenn der Verfasser des Johannesevangeliums ein aus der Jerusalemer Oberschicht stammender Jude war, der sehr jung mit Jesus oder mit der Urgemeinde bekannt wurde, und wenn er sein Buch über sechzig Jahre später nach dreißigjähriger Tätigkeit als theologischer Lehrer in kleinasiatischen, überwiegend heidenchristlichen Gemeinden in und um Ephesus schrieb, dann wird das Ergebnis unserer Untersuchung, in der wir den Text des Evangeliums selbst, so genau wie uns möglich, befragt haben, historisch verständlich.

Der Jerusalemer Jude, der Christ wurde, blickt im hohen Alter im Milieu überwiegend heidenchristlicher Gemeinden auf „die Juden" in Jerusalem zurück, die Jesus von Nazareth ungesetzlich ans Kreuz gebracht hatten. Zugleich hält er unbeirrt daran fest, daß „die Rettung von den Juden gekommen ist."

2. Ein Familienstreit?

Im Rückblick nach so vielen Jahren zeigt sich gewiß manches vereinfachter, scharfkantiger, einfarbiger und trotz des Schmerzes über einen scheinbar unheilbaren Riß distanzierter.

Nach der schmerzhaften Trennung von Synagoge und Ekklesia
Auch der Synagogenbann, den er – wie wir früher erwähnten – mehrfach anführt, ist für Johannes vielleicht weniger ein ganz aktuelles Problem der Auseinandersetzung mit den Synagogen in Kleinasien als ein Datum geschichtlicher Erinnerung an die Zeit, bevor er aus Palästina auswanderte. „Die ‚Ausstoßung' der Judenchristen geschah ja doch in einem langen, schmerzhaften Prozeß, der schon vor Paulus mit dem Stephanusmartyrium beginnt; sie konnte sich nur auf Judenchristen beschränken. Gegenüber Heidenchristen hatten jüdische Behörden sowieso keinerlei Jurisdiktionsgewalt. Bereits die Verfolgung der Hellenisten durch Saulus-Paulus (Apg 8,1 ff.; 9,1 ff.) hat das Ziel, diese griechischsprechenden Judenchristen entweder zur Verleugnung ihres Glaubens an den Messias Jesus oder zum Verlassen der griechischsprechenden Synagogengemeinschaft zu zwingen.

Die Gründung der paulinischen Missionsgemeinden war häufig mit einer solchen faktischen Ausstoßung aus der Synagogengemeinde verbunden, die fünffache Auspeitschung durch jüdische Behörden 2 Kor 11,24 zeigt die Gewaltsamkeit dieser Vorgänge. Stephanus und der Zebedaide Jakobus waren gewiß nicht die einzigen Märtyrer, Apg 12,1 spricht von einem ‚Schädigen einiger Gemeindemitglieder' durch Herodes (Agrippa I.), womit gesagt werden soll, daß dieser um das Jahr 43 mehrere Gemeindemitglieder ernstlich zu Schaden brachte.

Auch der Hinweis auf die Leiden der ‚Gemeinden Gottes in Judäa' in 1 Thess 2,14 macht deutlich, daß es sich hier nicht um ganz vereinzelte, sondern um wiederholte, schwerwiegende Vorgänge handelte.

Die Übernahme der Gemeindeleitung durch den gesetzesstrengen Herrenbruder Jakobus zwischen 42/43 und 48 mag die Situation der Judenchristen in den fünfziger Jahren etwas gebessert haben, seine Hinrichtung und Steinigung zusammen mit einer Anzahl anderer (...) führender Judenchristen wegen Bruch des Gesetzes (...) im Jahr 62 durch Hannas II., den Sohn des Hannas aus dem 4. Evangelium, entspricht durchaus dem, was Joh 16,2 sagt" (S. 289):

„Sie werden euch aus den Synagogen ausstoßen. Ja, es kommt die Stunde, da jeder, der euch tötet, meint, Gott eine Verehrung darzubringen", d. h. seine Tora zu schützen.

Wir haben gezeigt, daß der „Alte Johannes" – vermutlich wie der Herrenbruder Jakobus – der Tora nicht die Treue aufkündigen, sondern sie als Zeuge für Jesus, den Messias, beanspruchen wollte. Er zeigte Jesus im Streit um die Tora!

Ein Familienstreit

Die von Martin Hengel in Übereinstimmung mit der altkirchlichen Tradition erarbeitete Verfasserhypothese macht zureichend verständlich, daß das Johannesevangelium einerseits keineswegs antijudaistisch angelegt ist, andererseits aber gegen antijudaistischen Mißbrauch so wenig geschützt ist.

Um so wichtiger ist heute, daß das Evangelium keinesfalls mehr isoliert – ohne den Schutzmantel des ganzen Kanons (des Alten und Neuen Testaments) – herangezogen und ausgelegt wird.

Wir müssen einsehen und zugeben, daß eine sich von der Kirche (die den Kanon vorgibt[16]) ablösende historisch-kritische Exegese einem Antijudaismus weiteren Vorschub geleistet hat. Und sie kann das nicht dadurch wieder wettmachen, daß sie nun einzelne neutestamentliche Dokumente oder Verfasser des Antijudaismus beschuldigt – was, wie wir zu zeigen versuchten, auch im Fall des Johannesevangeliums nicht berechtigt ist.

Wir dürfen über neutestamentliche Polemik nicht urteilen, ohne deren Standort einzubeziehen: daß die judenchristlichen Autoren eher einen „Familienstreit“ austragen. Und wir dürfen die innerjüdische Polemik des Alten Testaments sowie des frühjüdischen Schrifttums (z. B. der Qumranschriften), vorab der prophetischen Kritik am Volk Gottes und seinen Führern als Vergleichsmaßstab gelten lassen.

In einem Streit innerhalb der Familie spricht man heftiger als nur aus der Distanz, man streitet miteinander für die Einheit, wenn man Vorwürfe erhebt, man streitet aus Liebe zur gemeinsamen Wurzel und Sache.

In Wirklichkeit will man zusammen an der einen Sache Gottes bleiben bzw. die Partner im Streit sehend machen. Nur wenn wir uns auf die Grundlagen solcher Kritik innerhalb des einen Gottesvolks wieder einlassen, gemeinsam einlassen, ist ein neuer, weiterführender Ökumenismus als Bestandteil des Glaubens an die Verheißungen fruchtbar.

VI. Früher Antijudaismus

Die Spitze des Weges Israels?

Klar ist: Die ersten Gemeinden, die durch den Glauben an Jesus von Nazareth als den Messias zusammengeführt waren, bestanden aus Juden, aus jüdischen Frauen und Männern und Kindern. Maria war Jüdin, Jesus war Jude, Petrus und die Zwölf waren Juden, die ersten Gemeinden bestanden aus Juden, Paulus war Jude. Der Verfasser des Johannesevangeliums war Jude. Das „Christentum" begann als innerjüdische Gruppe seinem ganz jüdisch geprägten Selbstverständnis nach als die Spitze des Weges Israels.

Und als die ersten Heiden in die Gemeinden aufgenommen wurden, waren das die sogenannten „Gottesfürchtigen", solche, die längst im Schatten der Synagoge gelebt hatten, in den Glauben Israels eingewiesen waren und mit der Lebensform dieses Volkes vertraut.

Als Johannes sein Evangelium schrieb, hat er wohl seine gut jüdische Redeweise von „den Juden" noch nicht für gefährlich gehalten bzw. die Gefahr einer Auswirkung dieser Redeweise in einer antijudaistischen Wirkungsgeschichte unterschätzt.

Wir müssen damit rechnen, daß sich bald auch einzelne, so nicht vorgebildete ehemalige Heiden dem christlichen Glauben anschlossen und in den Gemeinden die Einführung in den Glauben und die Lebensform Israels nachholen mußten.

Sie waren nicht gleicherweise gegen antijudaistische Viren immun wie die ersten judenchristlichen Generationen. Verstanden sie die Kirche noch als die Spitze des Weges Israels, sich selbst mit Paulus als aus Erbarmen in den Ölbaum Israel eingepfropfte wilde Zweige?

1. Heidnischer Antijudaismus

Spätestens nach dem Jüdischen Krieg, also in der dritten und vierten Generation, änderte sich das Bild der Kirche radikal. In größerer Zahl kamen Heiden zur Gemeinde, die – sagen wir – mehr von Zeus und Herakles, Platon und Aristoteles als von JHWH, Moses und Elias, Jesaja oder Jeremia wußten. Sie hatten nicht mehr wie die zuvor gottesfürchtigen Heiden des Anfangs der Kirche im Umkreis der Synagoge gelebt. Die jüdische Lebensform, z.B. mit der Beobachtung des Sabbats und der Reinheitsgesetze, war ihnen völlig fremd. Eher waren sie mit den Vorurteilen der antiken Gesellschaft über die Juden aufgewachsen und in ihrer Gefühlswelt geprägt worden.

Die judenfeindliche Stimmung in der heidnischen Antike

Um sich vorstellen zu können, was vor sich ging, als die entstehende Kirche spätestens in ihrer dritten Generation allmählich überwiegend aus Heidenchristen bestand, als nach dem Jüdischen Krieg keine gottesfürchtigen Heiden mehr und kaum noch Juden zum Glauben an den Messias Jesus fanden, muß man die judenfeindliche Stimmung in der Durchschnittsbevölkerung der heidnischen Antike ein wenig kennen.

Zum „Judenbild“ im Römischen Reich gehörten nach Karl Leo Noethlichs (Das Judentum und der römische Staat, 1996)[17] im wesentlichen folgende Vorstellungen: Die Juden stammen aus Ägypten. Beim Exodus war Moses die führende Persönlichkeit – aber sein Ruf unterlag extremen Schwankungen; da war einerseits von einem weisen Führer und Gesetzgeber die Rede, andererseits vom Anstifter zu jeglicher Schurkerei.

Das heidnische Judenbild
Man sagte und schrieb, die Wüstenwanderung habe die späteren Juden sowohl erzogen als auch verdorben. Ihre „Andersartigkeit“ unterscheide sie nicht nur von den Ägyptern, sondern von allen Menschen überhaupt. „Besonderes Kennzeichen waren ihre Solidarität untereinander, Exklusivität, Abgeschlossenheit, gepaart mit Menschen-, besonders Griechenhaß nach außen. Ihr Moralkodex lehnte angeblich die fundamentalsten römischen Werte wie Götter, Vaterland und Familie ab (...) Zur Fremdheit trug auch die besondere bildlose monotheistische Gottesvorstellung bei, mit der die nichtjüdische Umwelt offenbar wenig anfangen konnte“ (S. 45).

Beschneidung, Sabbatbeobachtung, Fasten- und Festzeiten, auch die Sorge der Diasporajuden für den fernen Jerusalemer Tempel fielen als Besonderheiten der Juden am stärksten auf. Wenn die Juden Proselyten warben oder einen Freundeskreis von Gottesfürchtigen besaßen, wurde das schon als Bedrohung empfunden.

Üble Nachreden
Auch bei sogenannten gebildeten Schriftstellern wie Strabo, Livius oder Tacitus u.a. finden sich die abstrusesten üblen Nachreden über die Juden: Ihre bildlose Gottesvorstellung sei abergläubig; das Schweinefleischessen sei ihnen verboten, weil sie einen Schweinegott verehrten; sie seien gottlos und unfromm. Bei der Behandlung menschlicher Absonderlichkeiten konnte man fragen: „Warum essen die Massageten ihre Väter, warum beschneiden sich die Juden, und warum zeugen die Perser Kinder mit ihren Müttern?“

Nach Flavius Josephus soll der Schriftsteller Poseidonius verbreitet haben, im Jerusalemer Tempel befinde sich ein goldener Eselskopf, ferner ein Ruhebett und ein gut gedeckter Tisch, dazu auf einem Bett ein gefangener Grieche, der gemästet und dann geschlachtet werde. Diodorus verbreitete, der Seleukide Antiochus IV., der den Jerusalemer Tempel schändete und den Makkabäeraufstand auslöste, habe im

Tempelinnern die Statue eines bärtigen Mannes auf einem Esel mit einem Buch in der Hand, vermutlich Moses, gefunden. Moses habe den Juden Menschenhaß und Gesetzlosigkeit befohlen.

Eine Folge der Vertreibung – nicht Flucht! – aus Ägypten, so heißt es weiter, sei bei den Juden intolerantes und unsoziales Verhalten; bei ihnen gelte Fremdenhaß. Von Moses haben sie gelernt, Fremden immer den schlechtesten Rat zu geben. Juden werden von Kind auf zum Betteln angehalten, sind eifrige Händler: skrupellos, betrügerisch, feige, hinterhältig, sklavisch, aber auch frech und arrogant. Bei solchen Verleumdungen stören bekanntlich Widersprüche nicht.

Nach dem Jüdischen Krieg

Die Juden gelten als rebellisches, aufrührerisches Volk. Der Kaiser Marc Aurel soll auf seinem Zug durch Palästina nach Ägypten angesichts der oft rebellierenden Juden ausgerufen haben: „Markomannen, Quaden, Sarmaten, endlich habe ich Unruhigere gefunden als euch." In den Griechenstädten werden die Juden als Aufwiegler hingestellt. „Die Möglichkeit für Juden, im ganzen Reich Tempelgeld einsammeln zu können, stößt bei Cicero auf völliges Unverständnis. Vor dem Krieg unter Pompejus paßten die Bräuche der Juden schon nicht zum Glanz und Ansehen des Römischen Reiches und zu den ‚Vätersitten', noch weniger jetzt, wo die Götter gezeigt haben, wie ‚teuer' ihnen dieses Volk ist, nämlich: besiegt, steuerpflichtig, versklavt" (S. 59).

Ciceros Einschätzung scheint auch für die Zeit nach dem römisch-jüdischen Krieg und der Zerstörung des Jerusalemer Tempels repräsentativ zu sein, also für die Zeit, in der die Trennung zwischen Synagoge und Ekklesia zunehmend von beiden Seiten bewußt vollzogen wird.

Eine Folie für das Verständnis der Rede von „den Juden"

Es ist nicht schwer, sich vorzustellen, wie die pauschal erscheinende Rede von „den Juden" im Johannesevangelium auf die Heiden wirken mußte, die mit antijudaistischen Vorurteilen zur Kirche gekommen waren. Mit Recht reagierte die Kirche mit der Einführung des Katechumenats, um die Heiden mit dem Alten Testament vertraut zu machen und so das Neue zu erschließen. Drei Jahre setzte sie dafür als notwendig an. Jedoch auch in ihrem eigenen Schrifttum meldeten sich bald antijudaistische Tendenzen zu Wort.

2. Früher Antijudaismus in der heidenchristlichen Kirche

Es ist ein „Wunder“, daß die jüdische Wurzel in der entstehenden Kirche so stark bestimmend blieb, daß sie sowohl der Verführung Markions widerstand, der in der Mitte des 2. Jahrhunderts das Alte Testament als Werk eines Un-Gottes verwarf, als auch der sich stark verbreitenden Gnosis, die bis heute den Antisemitismus befördert.

Auch in der durch Markion angestoßenen Kanonbildung hielt die Kirche an ihrer jüdischen Wurzel fest und ließ in ihrer Sammlung keine Schriften zu, die antijudaistische Passagen enthielten. Alle im Neuen Testament gesammelten Schriften sind – wie das Johannesevangelium – frei von einer Absage an die gemeinsame Herkunft aus der neuen Familie Gottes.

Im Laufe der ersten Jahrhunderte trafen die Christen selbst auch mehr und mehr die heidnischen Vorurteile gegenüber den Juden, die auf sie übertragen wurden. Vielleicht setzten sich deshalb auch immer wieder Christen opportunistisch von den Juden ab. Und selbstverständlich wollten die Juden nicht ihre im Römischen Reich mühsam errungenen und erhaltenen Privilegien als erlaubter Religion, die vom Staatskult und vom Militärdienst befreit war, an die Christen abtreten oder auch nur mit ihnen teilen.

Die Juden werden als Heuchler beschimpft

Jedenfalls: Als der Familienstreit im Laufe des 2. Jahrhunderts mit einem Bruch auf unabsehbare Dauer geendet hatte, wurden leider die Wunden, die auch Christen ihren jüdischen Brüdern zufügten, immer häßlicher. Wie früh schon Schriften mit antijudaistischen Abschnitten entstanden, kann man der vielleicht schon bald nach der Jahrhundertwende entstandenen *Didache* entnehmen, in der es z. B. in einer Ermahnung der christlichen Gemeinde (in Anspielung an Worte Jesu, die vergröbert und verallgemeinert werden) heißt:

„Eure Festtage sollen nicht mit den Heuchlern (= den Juden) gemeinsam sein (...) Betet auch nicht wie die Heuchler, sondern wie der Herr es in seinem Evangelium geboten hat" (Didache 8,1–2).

Und etwas später im 2. Jahrhundert liest man im *Barnabasbrief:*

„Das Testament jener (der Juden) ist auch das unsrige; das unsrige freilich; aber jene haben es (...) für immer eingebüßt" (Barnabasbrief 8,6 f.). „Auch die Beschneidung, auf die sie vertrauen, ist ungültig gemacht. Denn er hat gesagt, daß die Beschneidung nicht am Fleisch erfolgen soll. Aber sie haben das übertreten, weil ein böser Engel ihnen etwas weiszumachen suchte" (9,4).

Von der Theologie des Johannesevangeliums, das daran festhielt, daß „das Heil von den Juden" gekommen ist, haben sich solche Theologen – vielleicht selbst noch Judenchristen, die ihre Herkunft verleugneten? – schon weit entfernt.

Die Juden werden des Aberglaubens geziehen

Am Ende des 2. Jahrhunderts disqualifiziert der *Diognetbrief,* der die Christen so schön charakterisiert als solche, „die sich nicht durch Land, Sprache oder Sitten von den übrigen Menschen unterscheiden und doch eine erstaunliche und anerkanntermaßen eigenartige Beschaffenheit ihrer Lebensführung an den Tag legen", die Juden als solche, „die Opfer für Gott zu vollziehen meinen mit Blut, Fettdampf und Brandopfern und ihn mit diesen Ehrerweisungen zu preisen wähnen (...)

Außerdem: Daß ihre Ängstlichkeit betreffs der Speisen, ihr Aberglaube betreffs des Sabbats, ihr Prahlen mit der Beschneidung und ihre Scheinheiligkeit mit Fasten und Neumond lächerlich ist und keiner Rede wert, brauchst du, meine ich, nicht erst von mir zu lernen.

Gott zu verleumden, als verhindere er, am Sabbat etwas Gutes zu tun – wie sollte das nicht gottlos sein? Auch mit der Verstümmelung des Fleisches als Zeugnis für Erwählung zu prahlen, als ob sie deshalb besonders von Gott geliebt wären – wie sollte das nicht des Spottes wert sein?" (Diognetbrief 5,1.5; 3,5–4,1.3–4).

Die Linie antijudaistischer Ausfälle in der Kirchengeschichte steigt im Maße des Ärgers darüber, daß sich fast keine Juden zur Kirche bekehren ließen. Dazu gibt es inzwischen aufklärende Schriften genug, in denen „die Lehren der Verachtung"[18] gesammelt und, wo nötig, an den Pranger gestellt sind.

3. Die Folgen

Wo die Kirche sich nicht beständig neu auf die Lebensform des Exodus aus der Welt der Gewalt und des Neids einließ, sondern – spätestens seit Konstantin – einem nahezu unwiderstehlichen Sog zur Verweltlichung des Lebens bei gleichzeitiger Spiritualisierung der Heilsgüter ausgesetzt war, wuchs die stets lauernde antijudaistische Gefährdung bis zum Genozid an denen, die das (schlechte) Gewissen in die Welt gebracht hatten. Die Auslegung des Johannesevangeliums wurde in diesen Sog mit hineingerissen.

Die Kirche beanspruchte in der Agape die Erfüllung der Tora – und vergaß sie denen gegenüber, die sie ihr überliefert, gelehrt und immer neu vorgelebt hatten.

In der am 12. März 1998 veröffentlichten Erklärung der Päpstlichen Kommission für die Religiösen Beziehungen zu den Juden „Wir erinnern: eine Reflexion über die Shoah" heißt es dazu: „Als sich die Kaiser dann selbst zum Christentum bekehrten, garantierten sie den Juden weiterhin die Privilegien. Aber erregte Gruppen von Christen, die die heidnischen Tempel überfielen, taten in einigen Fällen dasselbe gegenüber den Synagogen, nicht zuletzt unter dem Einfluß bestimmter irriger Auslegungen des Neuen Testaments in bezug auf das jüdische Volk als ganzes. ‚In der christlichen Welt – ich sage nicht von seiten der Kirche als solcher – zirkulierten für zu lange Zeit irrige und ungerechte Interpretationen des Neuen Testaments in bezug auf das jüdische Volk und seine angebliche Schuld und riefen feindselige Empfindungen gegenüber diesem Volk hervor' (Johannes Paul II., 31. Oktober 1997). Derartige Interpretationen des Neuen Testaments wurden vom Zweiten Vatikanischen Konzil umfassend und endgültig zurückgewiesen.

Trotz der christlichen Botschaft der Liebe zu allen, sogar zu den Feinden, hat die vorherrschende Mentalität während der Jahrhunderte die Minderheiten und jene, die in bestimmter Weise ‚anders' waren, bestraft. Antijüdische Empfindungen in einigen christlichen Kreisen und der Unterschied, der zwischen der Kirche und dem jüdischen Volk bestand, führten zu einer allgemeinen Diskriminierung."

Die irrigen Auslegungen des Neuen Testaments, von denen das Dokument mit den Worten des Papstes spricht, betrafen nicht zuletzt das Johannesevangelium. Können Juden und Christen es heute gemeinsam neu lesen?

VII. Zur Eröffnung eines Gesprächs

Nicht, daß wir damit rechnen konnten,
daß die Wasser sinken,
daß wir die Taube mit dem Ölzweig sicher erwarteten.
Es war nicht unsere Phantasie,
die Kraft unseres Geistes,
aus der berechenbaren Reihe auszubrechen.
Versöhnung, wer konstruiert sie?
Noch niemand reichte das Patent ein,
und die Auskunft der Taube: war nur der Zweig.

Hedvig Fornander

Nicht, daß wir damit rechnen konnten
Hedvig Fornander († 1989), Mitglied der Katholischen Integrierten Gemeinde, „ruft in ihrem Gedicht die Assoziation mit der Sintflut auf. Wer ohne Schönfärberei, sondern realistisch von der Geschichte des Glaubens in Israel, in der Zeit Jesu und der Kirche erzählen will, vor allem von markanten Wendepunkten, muß seine Hörer darauf vorbereiten, daß sie sich in Katastrophennähe begeben. Eine solche Katastrophe war das Exil im 6. Jahrhundert v. Chr. und wurde von Israel auch als solche empfunden und reflektiert, auch die Hinrichtung und der Tod Jesu gehören in diese Reihe, vielleicht auch die Zerstörung des Tempels durch die Römer im Jahr 70 n. Chr. Aber es ist nicht die Katastrophe als solche, die wichtig ist, auch wenn ihre Folgen vielleicht wie ein Lava-Ausbruch generationenlang nachwirken. Es ist diese Hellhörigkeit, die dadurch hervorgerufen ist, die Bereitschaft, das Geschehene gläubig anzunehmen und mitten darin ein neues Wort Gottes zu hören.

Es war die Gewißheit der Propheten wie Jesaja oder der Psalmisten, die die Zerstörung Jerusalems und die Verschleppung nach Babylon mit dem Handeln Gottes in Verbindung brachten: Er hatte sein Volk nicht vergessen; er wollte es zu sich zurückrufen, etwas Neues schaffen – und deswegen verwandeln sich die Drohungen, wenn die Katastrophe einmal eingetreten ist, immer und ganz unerwartbar in mächtige Heilszusagen, wenn es ein neues Hören gibt. Wenn Umkehr geschieht im Volk Gottes.

‚Nicht, daß wir damit rechnen konnten, daß die Wasser sinken ...' So mußte es allen denen scheinen, die sich nach dem Ende des Dritten Reiches plötzlich mitten in den Trümmern der christlichen, humanistischen, aufgeklärten abendländischen Tradition vorfanden.

Es war nicht so damals, daß irgend jemand etwas Neues hätte gründen wollen – es war eine Erfahrung gewachsen aus dem Erschrecken heraus – und diese wurde zu einem Anruf aufzubrechen, alles Bisherige zu verlassen; die Träume, die Jugend, die Lebensschwerpunkte, das Elternhaus und vielleicht auch eine gewisse Geborgenheit im Nichtwissen – es war kein Wunsch, mehr eine Verpflichtung – zu suchen, was doch verheißen ist, was geschrieben steht, weil es schon einmal zu sehen war – einmal vor 2000 Jahren."[19]

Zu suchen, was doch verheißen ist

Ist die neue Situation dazu nicht gekommen? Doch solche gemeinsame Suche ist nicht möglich ohne gemeinsamen Rückblick, ohne Revision. Wir haben im vorhergehenden Kapitel dazu eine Einleitung vorgestellt. Wenn Juden und Christen gemeinsam das Johannesevangelium lesen wollten, wäre es gut, wenn wir uns noch auf einige fundamentale theologische Positionen dieses Evangeliums besinnen würden, die zu solcher Gemeinsamkeit einladen – auch gegen einen ersten, oberflächlichen Augenschein. Wir haben vier Themen ausgewählt.

1. Die Einheit des Gottesvolkes

Das Johannesevangelium hält in allen Aussagen und Bildern an der Einheit des Gottesvolks fest. In der Rede vom guten Hirten ist die messianische Verheißung aus dem Propheten Ezechiel (34,23 f.) aufgenommen, wo es heißt:

> „Ich setze für sie einen einzigen Hirten ein,
> der sie auf die Weide führt,
> meinen Knecht David.
> Er wird für sie sorgen,
> und er wird ihr Hirt sein.
> Ich selbst, der Herr, werde ihr Gott sein,
> und mein Knecht David wird ihr Fürst sein."

Ein universales Heilsangebot

Der johanneische Jesus, der sich als der gute, messianische Hirte vorstellt, sagt:

> „Ich setze mein Leben ein für die Schafe.
> Und andere Schafe habe ich,
> die nicht aus diesem Hof sind.
> Auch jene muß ich führen,
> und sie werden auf meine Stimme hören,
> und sie werden sein eine einzige Herde,
> ein einziger Hirt" (10,15 f.).

Dieser Verheißung entspricht das Gebet Jesu um die Einheit seiner Jünger und aller, die auf ihr Wort hin an ihn glauben,

> „damit alle eins seien,
> wie du, Vater, in mir und ich in dir,
> damit auch sie in uns (eins) seien,
> damit die Welt glaube,
> daß du mich gesandt hast" (17,2).

Die letzte öffentliche Rede Jesu in Jerusalem (12,37–50) schließt nicht mit der Feststellung der Verstockung vieler seiner Volksgenossen, sondern mit der wiederholten Formulierung eines universalen, alle einschließenden Heilsangebots:

„Ich bin als Licht in die Welt gekommen,
damit jeder, der an mich glaubt,
nicht in der Finsternis bleibt.
Und wenn einer meine Worte hört,
sie aber nicht beobachtet –
ich richte ihn nicht;
denn ich bin nicht gekommen,
damit ich die Welt richte,
sondern damit ich die Welt rette" (12,46 f.).

Und das Gebot des Vaters, das Jesus ausrichtet, ist das Angebot „ewigen Lebens" (12,50).

Orte des Schalom

In den Abschiedsreden (Joh 14–17) kündigt Jesus den Jüngern an, daß man sie aus den Synagogen ausstoßen wird (16,2). Aber den Jüngern droht nicht nur Verfolgung, sie finden auch Glauben:

„Wenn sie mich verfolgt haben,
werden sie auch euch verfolgen.
Wenn sie mein Wort bewahrt haben,
werden sie auch das eurige bewahren" (15,20).

Auch in der Zeit der Kirche geschieht Sammlung und Scheidung. Um so notwendiger wird deshalb die Einheit und Einmütigkeit unter denen, die sich im Glauben sammeln lassen.

Die Jüngergemeinden, die das Johannesevangelium im Blick hat, sollen konkrete Orte des Schalom sein, der Jesu Geschenk, seine Hinterlassenschaft ist (16,33). Und zwar soll der Friede in der Gemeinde im Unterschied zu dem in der Welt kein trügerischer, falsch harmonisierender, sondern alle Spannungen integrierend versöhnender Friede sein: „Nicht wie die Welt ihn gibt" (14,27).

Die johanneische Gemeinde geht von ihrer Ostererfahrung aus, wie sie in Johannes 20 formuliert ist: Der Auferstandene bringt den Schalom in die Jüngerversammlung; sie wird durch den Geist, den er ihr zuhaucht – wie JHWH bei der Schöpfung dem ersten Menschen den Lebensodem –, neu geschaffen. Und der Friede kommt ihr zusammen mit der Vollmacht der Sündenvergebung zu, welche zutiefst die Einheit des Gottesvolkes fundiert (20,21–23).

Wiedereinwurzeln im Jüdischen

Nach dem Holocaust und angesichts des Bruderneids im radikalisierten Islamismus ist spätestens heute die Stunde gekommen, wo sich Juden und Christen gemeinsam auf die notwendige Einheit des einen von Abraham abstammenden Gottesvolks besinnen könnten. Wir glauben, daß nicht nur die Stunde gekommen, sondern auch der Ort dafür bereitet worden ist, durch eine Geschichte des Wiedereinwurzelns im Judentum als einer Bedingung des Einholens des Katholischen.

Wenn alle Brücken fehlen oder zerstört sind, findet man nur durch ein Zurückgehen zur Quelle des Stroms noch einmal zueinander – so lautet das Grundaxiom des rechten Ökumenismus.

„1800 Jahre Judentum bis Jesus von Nazareth,

1800 Jahre Christentum nach dem Verlust der Gemeindekirche des Anfangs –

es ist die Zeit gekommen für die Umkehr

und die Zeit für die Versöhnung auf den Namen dessen hin, der als Erster seinen Willen voll erkannte und sein Gesetz erfüllte und getan hat und dafür gestorben ist.

Im Wissen, weder besser noch klüger zu sein als alle Generationen von Glaubenden dieser Kirche vor uns und mit uns, darauf setzend, daß der Rest Israels und der Rest der Kirche lebendig gehalten wird von Gottes Liebe zu seinem Volk, brauchen wir nicht zu resignieren.

Es ist heute nicht nur Exil und Karfreitag, die wir allesamt immer wieder herbeiführen, sondern – als Antwort Gottes auf den Tod Jesu von Nazareth – Ostern und Pfingsten und

Sammlung und Heimkehr für alle jene, deren Herzensanliegen es ist, für die Rettung der Welt ihr Leben einzusetzen" (Traudl Wallbrecher).

Vielleicht ist erst heute die Freiheit neuer Sammlung und Heimkehr gegeben – nach zweimal achtzehnhundert Jahren, in denen alle auf solche Katastrophen zurückblicken können, die nur eine Antwort herausfordern: gemeinsame Umkehr.

Nur die Einheit des Gottesvolks gibt der Welt eine Chance

Die Vision, welche das Johannesevangelium zu einem neuen Verhältnis von Judentum und Kirche beizusteuern hätte, ist vor allem diese: Nur die Einheit des Gottesvolks gibt der Welt eine Chance. Diese Einheit ist aber ein Gut der Freiheit des Glaubens und der Bindung in der Agape.

Im großen Gebet Jesu um die Einheit seiner Jüngergemeinde und darin des Gottesvolks heißt es: „Ich habe ihnen die Herrlichkeit gegeben, die du mir gegeben hast" (17,22). Die Herrlichkeit ist die Einheit und Einmütigkeit der Gemeinde; sie allein gibt ihr „Gewicht" *(kabod)* in der Welt.

Das Gottesvolk kann der Welt mit nichts anderem imponieren als mit seiner Einheit, mit der Einmütigkeit der Glaubenden, die – obwohl aus verschiedenen Völkern, Ständen und Geschlechtern – „ein Herz und eine Seele" sind.

Solange die Kirche in viele Denominationen gespalten bleibt und solange sie nicht mit ihrer jüdischen Wurzel wieder ganz eins wird, hat sie bleibend an Gewicht in der Welt verloren, kann sie ihrem Auftrag zur Rettung der Welt, die aus den Juden gekommen ist, nicht wirksam nachkommen.

Müßte um der Welt willen, die sich von Gott losgerissen hat, nicht eine neue Einigung gelingen, ein gemeinsames Zeugnis der Umkehr zur Aufgabe, Segen für alle Stämme zu sein?

Einer solchen Vision zu folgen – warum sollte das für Christen und Juden nicht neu möglich sein?

2. Das neue Gebot

Das Johannesevangelium setzt mit den Johannesbriefen die Versammlung im Namen Jesu als das Neue der Jüngergemeinde Jesu voraus; sie erhält ein „neues Gebot". Dieses Gebot besteht zunächst in der Vollmacht, in Freiheit sein Leben einzusetzen, wie Jesus selbst sie vorlebt: „Dieses Gebot habe ich empfangen von meinem Vater" (10,18). Der Einsatz des Lebens gilt der Einheit des Gottesvolks. Und das Gebot, das Jesus vom Vater empfangen hat, ist „ewiges Leben" (12,50).

Die Gemeinden des einen Gottesvolks sind damit als Orte ewigen Lebens bestimmt – so wie sie als Orte des Schalom definiert waren.

Einsatz des Lebens

Ausdrücklicher spricht Jesus dann in den Abschiedsreden davon:

„Ein neues Gebot gebe ich euch:
Ihr sollt einander lieben.
Wie ich euch geliebt habe,
sollt auch ihr einander lieben.
Daran werden alle erkennen,
daß ihr mir Jünger seid,
wenn ihr Liebe untereinander habt" (13,34 f.).

Und:

„Dies ist mein Gebot,
daß ihr einander liebt,
wie ich euch geliebt habe.
Eine größere Liebe als diese hat niemand,
daß er sein Leben einsetzt für seine Freunde.
Ihr seid meine Freunde,
wenn ihr tut, was ich euch gebiete" (15,12–14).

Jesus selbst hat dieses Gebot als der „gute Hirte“ erfüllt, er hat sein Leben eingesetzt (vgl. 10,11). Das Gebot Jesu heißt neu, weil durch seinen eigenen „Vorausgang“ der Jüngerversammlung die Verwirklichung seiner Weisung geschenkt ist. Agape ist möglich durch den Glauben an Jesus, im Vertrauen auf die durch ihn eröffnete Geschichte, im Geist, der seine Gemeinde ins Leben ruft. Das neue Gebot ist die Überführung des alten aus dem Buchstaben zum Geist, das heißt aber nicht: in eine spiritualisierende Verflüchtigung, sondern: in eine lebendige Verwirklichung in jeweils heutiger Geistesgegenwart.

Freunde

Im Johannesevangelium ist dadurch, daß die Fußwaschungsszene an die Stelle des Abendmahlsberichts getreten ist, das „neue Gebot“ konkret erläutert und illustriert. In der Jüngergemeinde Jesu kann einer dem anderen den niedrigen Sklavendienst tun – und jeder kann es zulassen, daß er so bedient wird, so zugewandt Hilfe empfängt.

Im Protest des Petrus wird in der symbolgeladenen Erzählung deutlich gemacht, daß es leichter ist, anderen die Füße zu waschen, als sich selbst waschen zu lassen. Wo eine Gemeinschaft von solchen „Freunden“ entsteht – so spricht die johanneische Gemeinde neben der „Brüder“-bezeichnung auch von der Mitte ihrer Mitglieder –, die Jesu ganze Erfahrung übernommen haben, wird deren Versammlung zum Ort der lebendigen neuen Tora. Der Herr ist ihr die lebendige Tora in Person, und die Weisung zielt auf das konkrete, erlöste Leben der Glaubenden. Der Gehorsam wird nicht aus der Lehre, sondern aus der Nachfolge ermöglicht.

Der erste Johannesbrief erläutert, daß dieses neue und zugleich alte, von Anfang an gegebene Gebot, wonach alle einander „Hüter des Bruders“ sein sollten (1 Joh 3,11 f.), durch die Geschichte des Messias Jesus in der Freiheit seiner Person, die ihr Leben für alle einsetzte, erkennbar und vollziehbar geworden ist:

„Daran haben wir die Agape erkannt,
daß Er sein Leben für uns hingegeben hat.
So müssen auch wir
für die Brüder das Leben hingeben" (1 Joh 3,16).

„Wenn jemand Vermögen hat ..."

Fern aller Spiritualisierung konkretisiert der Brief alsbald das Gebot:

„Wenn jemand Vermögen hat und sein Herz vor dem Bruder verschließt, den er in Not sieht, wie kann die Gottesliebe in ihm bleiben? Meine Kinder, wir wollen nicht mit Wort und Zunge lieben, sondern in Tat und Wahrheit" (1 Joh 3,17 f.), d. h. in der konkreten Zuverlässigkeit einer Lebensgemeinschaft, die auch eine Wirtschaftsgemeinschaft sein kann. Der erste Johannesbrief formuliert hier ebenso jüdisch wie der Jakobusbrief (vgl. Jak 2,15 f.).

Das Zeugnis der Gemeinde, die in der Agape zusammenlebt und ihr ganzes Leben von ihr formen läßt und so zu einem Friedensort wird, ist Zeugnis für alle, „daß der Vater den Sohn gesandt hat als den Retter der Welt" (1 Joh 4,14). Fern konventikelhafter Selbstgenügsamkeit weiß die johanneische Gemeinde um ihren universalen Auftrag.

Das Neue des neuen Gebots

Will man das Neue ihres neuen Gebots in der konkreten Wirklichkeit ihrer Versammlung verstehen, so muß man die Bergpredigt Jesu ebenso wie die bei Paulus greifbare Theologie und Praxis der Gemeindeversammlung mit bedenken.[20] Auch hier hilft keine den Text isolierende Exegese weiter. Eine kanonische Exegese ist jedoch auch nur fruchtbar, wenn der Exeget mit seiner eigenen Person den Schlüssel zu den verdichteten biblischen Glaubenstexten erhält: in den strukturkongruenten Erfahrungen der Gemeinde, in der er mitlebt.

3. Die Neue Familie

Seit Abrahams Exodus war Israel unterwegs zur Verwirklichung seiner Berufung, *'am JHWH,* die Verwandtschaft, die Familie, das Volk Gottes zu sein. Jesus hatte in seiner Sammlungsbewegung in seiner Jüngergemeinschaft, und in deren Mitte mit den Zwölfen, die „Neue Familie“ derer gestiftet, die in seiner Nachfolge den Willen des himmlischen Vaters tun.

Das Johannesevangelium setzt die Ausbildung der „Neuen Familie“ in den neutestamentlichen Gemeinden schon voraus und verdichtet sie in einigen besonderen Szenen.

„Wo wohnst du?“

Die ersten Jünger, die sich zu Jesus gesellen, antworten auf seine Frage, was sie wollten: „Meister, wo wohnst du?“ Und Jesus lädt sie ein: „Kommt und seht!“ Und dann heißt es: „Da gingen sie mit und sahen, wo er wohnte, und blieben jenen Tag bei ihm“ (1,38–39). Die Jünger sammeln sich in einer Lebensgemeinschaft um Jesus.

In Anklängen an die Ideale antiker Freundschaftsethik nennt Jesus – im deutlichen Nachklang zur Szene in den ersten Evangelien, in denen er diejenigen seine Schwestern und Brüder und Mütter nannte, die den Willen seines Vaters tun – in den Abschiedsreden seine Jüngergemeinde die Gemeinschaft seiner Freunde:

„Ihr seid meine Freunde, wenn ihr tut, was ich euch auftrage. Ich nenne euch nicht mehr Knechte; denn der Knecht weiß nicht, was sein Herr tut. Vielmehr habe ich euch Freunde genannt; denn ich habe euch alles mitgeteilt, was ich von meinem Vater gehört habe“ (15,14–15).

Neue Familie

Von besonderem Rang ist die johanneische Szene, in der Jesus vom Kreuz herab die „Neue Familie“ stiftet:

„Bei dem Kreuz Jesu standen seine Mutter und die Schwester seiner Mutter, Maria, die Frau des Klopas, und Maria von Magdala. Als Jesus seine Mutter sah und bei ihr den Jünger, den er liebte, sagte er zu seiner Mutter: ‚Frau, siehe dein Sohn!‘ Dann sagte er zu dem Jünger: ‚Siehe, deine Mutter!‘ Und von jener Stunde an nahm sie der Jünger zu sich“ (19,25–27).

Der Evangelist fährt dann mit der Bemerkung fort, daß Jesus erkannt habe, daß nun alles vollbracht sei. Die Stiftung der „Neuen Familie“ seiner Freunde ist gewissermaßen Jesu Testament. Die „Neue Familie“ wird von denen gebildet, die Jesu neues Gebot für ihr Leben übernehmen und einander in der Agape dienen, damit das Wort von der Rettung der Welt kein leeres Gerede bleibt.

Wie bedeutsam diese Stiftung und wie schwierig ihre reale Einholung geblieben ist, zeigt das in Nationalitäten zerfallene Christentum, das sich in Clans und Nationen bekämpfende Christentum.

Das Johannesevangelium erklärt allerdings in den Osterszenen, daß der Ekklesia vom Auferstandenen alles übereignet wurde, was die Jüngerschaft als „Neue Familie“ leben läßt.

4. Ekklesia – Die neue Versammlung

Das Johannesevangelium erzählt in Kapitel 20, wie die Jünger Jesu am ersten Wochentag, dem Sonntag nach seiner Kreuzigung, bei verschlossenen Türen in Jerusalem versammelt waren und wie Jesus, der Auferstandene, in die Mitte ihrer Versammlung kommt und diese Versammlung neu konstituiert: durch die Gabe des Schalom, durch die Sendung der Jünger, durch die Gabe des Geistes und die Vollmacht der Sündenvergebung (20,19–23).

Die Szene – sie trägt die Signatur des Achtergewichts – endet mit den Worten:

„Wem immer ihr die Sünden nachlaßt,
dem sind sie nachgelassen;
wem immer ihr sie behaltet,
dem sind sie behalten."

Die Wucht der Vollmacht der Sündenvergebung

Die dem Tempel vorbehaltene Vollmacht ist auf die neue Versammlung übergegangen, und das macht ihre neue Qualität, ihre Wucht, ihr Gewicht aus. Dadurch unterscheidet sich die Ekklesia von der Synagoge – aber diese Unterscheidung wäre kein Grund der Trennung, sondern sie ist die stärkste Einladung zur Vereinigung.

In der Ekklesia kann kraft dieser Vollmacht der Schalom zu Hause sein; die Gemeinde und jeder einzelne in ihr kann – wie es die hebräische Wurzel des Wortes *schalom* andeutet – ganz und ungeteilt und vergnügt leben. Diese Vollmacht ist die eschatologische Vollmacht des Geistes und die wichtigste Ausrüstung zur Sendung des Gottesvolks in die Welt.

Die schlimmste Barriere zwischen Synagoge und Ekklesia

Die Verkehrung dieser Sendung im Judenhaß und der sich in Pogromen und schließlich im Holocaust entladenden Feindschaft ist die schlimmste Barriere zwischen Synagoge und Ekklesia.

Daß der Kirche die Versammlung als ihre Mitte weithin verlorenging, ist gewiß mit Ursache dieser katastrophalen Entwicklung – in den Folgen noch unabsehbar, wenn die Gaben des Auferstandenen nicht neu empfangen werden.

Die in viele Denominationen aufgespaltene Kirche wird nicht schon durch Schuldvergebungsdeklamationen zu neuer Einheit versöhnt, sondern erst durch die Verwirklichung der Einheit in der „neuen (Ver-)Sammlung", wie sie das Johannesevangelium skizziert und wie sie von Paulus vielfältig ausgeführt wurde.

Neuanfänge

Die Jüngergemeinde, die nach Johannes die Gaben des Auferstandenen empfing, war eine furchtsame Versammlung, keine mutige Elite. Sie glich eher den bei Ezechiel beschworenen Totengebeinen; aber sie wurde vom Geist erweckt zu der Sendungsgemeinschaft, der die größeren Werke aufgetragen sind.

Die Neuanfänge in der Geschichte des Gottesvolks waren immer wie Totenerweckungen.

Ein Nachtrag

In den letzten Jahren hat es sich in mehreren Gesprächen mit Zvi Kolitz (gestorben am 29. September 2002) so ergeben, daß immer wieder die Frage aufkam, ob die Christen sich nicht entschließen müßten, die antijudaistischen Passagen und Dokumente aus ihrem Neuen Testament zu entfernen. Diese Gespräche mündeten schließlich in einen kleinen Briefwechsel zwischen Bad Tölz und New York, aus dem zum Abschluß ein Ausschnitt hier mitgeteilt werden soll.

Rudolf Pesch 16. Januar 1998

Lieber Zvi,
in meinem Brief vom 23. Dezember 1997 versprach ich Dir, bald möglich einmal meine Gedanken zur Frage aufzuschreiben, ob nicht bestimmte Passagen aus dem Neuen Testament, die als antijüdisch gelten, gestrichen werden sollten.

Wenn ich mich recht erinnere, kam diese Frage in Gesprächen unter uns auf, als wir vor zwei Jahren in Urfeld beisammen waren. Du hast uns damals den Entwurf eines Manifests „Holocaust Survivors Seeking an Answer from Christianity" übergeben. Darin heißt es u. a.: „A revision may thus be necessary not only of biased beliefs, but biased texts."

Als wir jüngst bei Euch in New York waren, habe ich Dir schon erzählt, daß sich Papst Johannes Paul II. – noch vor seinen von Dir so zustimmend aufgenommenen Worten und Gesten vom letzten Weihnachtsfest – in seiner Adresse an das Symposion „Wurzeln des Anti-Judaismus im christlichen Bereich", das unter Teilnahme von Gerhard Lohfink vom 30. Oktober bis 1. November 1997 im Vatikan stattfand, zur Frage der antijudaistischen Passagen im Neuen Testament so geäußert hat:

„Israel ist das Volk Gottes, es ist der Ausdruck der Gemeinschaft Gottes mit den Menschen, es ist das auserwählte Volk! Dies ist nicht eine natürliche Tatsache oder eine kulturelle, es ist ein übernatürliches Faktum. Jesus war Jude und lebte als Jude. Antisemitismus ist ohne jede Berechtigung und in jedem Fall zu verurteilen! Es waren irrige Interpretationen des Neuen Testamentes, die viele Gewissen verwirrten und Verfolgungen der Juden möglich machten."

Der Papst unterscheidet also zwischen dem Text selbst und seiner Wirkungsgeschichte – und dies, denke ich, müßte auch der Schwerpunkt einer „Revision" sein.

I. Der status quaestionis

In unserem Gespräch spielte zunächst die Frage nach der, wie unsere gemeinsame Tradition sagt, „Inspiration" der biblischen Texte eine besondere Rolle. Wenn ich unseren Gedankenaustausch bei verschiedenen Gelegenheiten – in Urfeld, in Neubiberg, in der Villa Cavalletti und jüngst in New York – so knapp wie möglich zusammenfassen darf, so schlage ich vor, den *status quaestionis* so zu markieren:

Zvi Kolitz denkt:

Da Gott kein Antisemit ist, sind bestimmte Bücher oder Passagen des Neuen Testamentes nicht inspiriert; denn sie sind antijudaistisch.

Rudolf Pesch denkt:

Da Gott kein Antisemit ist, sind bestimmte Bücher oder Passagen des Neuen Testamentes nicht antijudaistisch; denn das Neue Testament ist inspiriert.

So zugespitzt, erscheint der Gegensatz unserer Positionen wie der zwischen einer historischen und einer dogmatischen Feststellung – und meine Position gerät leicht in den Verdacht: daß nicht sein kann, was nicht sein darf! Und dies angesichts einer fürchterlichen Wirkungsgeschichte!

Und so bin ich Dir zuallererst eine Erklärung dazu schuldig, ob ich diesen Verdacht, den ich mir ja selber vorhalten muß, ausräumen kann. Dazu muß ich ein wenig ausholen – und meine Gedanken gliedern.

II. Es gibt keine doppelte Wahrheit

Zu den wichtigsten Aussagen des Ersten Vatikanischen Konzils (1870) gehört die in der Auseinandersetzung mit den Naturwissenschaften und der Geschichtswissenschaft festgehaltene Einsicht, daß es für den Glaubenden keine „doppelte Wahrheit" geben kann. Ich denke, wir stimmen darin ganz mit der jüdischen philosophisch-theologischen Tradition überein.

Scheinbare Widersprüche – z.B. der biblische Schöpfungsbericht einerseits und die Evolutionslehre andererseits; oder der katholische Glaube an die Jungfräulichkeit Mariens einerseits und das historische Urteil über die Existenz leiblicher Brüder und Schwestern Jesu andererseits – müssen auf ihre Vereinbarkeit hin geprüft werden.

Das Konzil hat mit der theologischen Tradition für diese Prüfung zwei Möglichkeiten vorgesehen:

1) die Überprüfung der wissenschaftlichen Ergebnisse im Licht der Vernunft;

2) die Überprüfung von Glaubensaussagen im Blick auf die Frage: unerleuchteter oder erleuchteter Glaube *(fides illuminata)*.

Wenden wir diese Fragestellung auf unser Problem an, so ist zu prüfen:

1) Ist der Glaube an die Inspiration der biblischen Schriften „erleuchtet" verstanden?

2) Sind die biblischen Texte, die antijüdisch zu sein scheinen, richtig ausgelegt?

Diese Fragestellung ist keine Alternative, sondern sie kann verbunden vorangetrieben werden. Und dabei kann der scheinbare Widerspruch ein wichtiger Stachel sein, Fakten aufzuklären und sie dem Vorurteil zu entreißen und ebenso Glaubensvorstellungen zu reinigen und sie im Licht der Vernunft neu zu befragen.

III. Was bedeutet „Inspiration"?

Die biblischen Bücher, sei es des Tenach, sei es des Kanons des Alten und Neuen Testaments, gelten Juden bzw. Katholiken als inspiriert, d. h. als gottgegeben.

In der neuen, dritten Auflage des „Lexikon für Theologie und Kirche", Bd. VI., 1996, Spalte 534, lese ich im Artikel „Inspiration":

„Die entscheidende Stütze des Inspirationsmodells ist der alttestamentlich bezeugte Glaube an den zu seinem Volk sprechenden Gott und das Vertrauen auf das lebendige Wort, das er berufenen Menschen in den Mund gelegt und zum Niederschreiben in den ‚Schriften' anvertraut hat."

In Spalte 538 f. heißt es weiter:

„Die Schriften wachsen aus dem Lebensprozeß des Volkes Israel und der jungen Kirche heraus und dienen der Förderung dieses Lebensprozesses. Auf diesem Hintergrund stellt sich der theologischen Systematik die Frage: Wie kann die ‚Menschlichkeit' dieses Vorgangs ernstgenommen und zugleich von einer göttlichen Inspiration gesprochen werden? (...) Insofern der ganze Vorgang der Selbstoffenbarung Gottes, der Auferbauung einer Glaubensgemeinschaft, der sprachlichen Artikulation der Heilserfahrungen, insofern also der gesamte Lebensprozeß der glaubenden Gemeinde von Gottes Geist getragen ist, sind auch die Schriften, die die grundlegenden Heilserfahrungen bleibend bezeugen, die Identität der Gemeinschaft sichern und die Lebensbewegung des Gottesvolkes inspirieren, Werk des Geistes."

Und schließlich sei noch aus Spalte 540 f. zitiert:

„Die Inspiration bewirkt, daß der Glaubende in den Texten verläßlich und untrüglich die Grundlagen wiederfindet, aus denen die Glaubensgemeinschaft lebt; sie garantiert jedoch keine Irrtumslosigkeit in beliebigem Sinn (...) Die Schrift gehört bleibend in den Kontext des Gottesvolkes hinein."

*

In den „Vornotizen" zu Peter Handkes, des derzeit bedeutendsten österreichischen Schriftstellers, „Zurüstungen zur Unsterblichkeit", stieß ich kürzlich neben der Notiz „Die einzige mir vorstellbare Neuerung: Umkehren" auch auf folgende: „Inspiration heißt: Es gestaltet sich".

Diese Notiz hilft mir, unsere gemeinsame Frage zu formulieren: Was gestaltet sich auf dem Weg Israels und der Kirche, was hat in den „Schriften", die wir für inspiriert halten, Gestalt gefunden? Aus der Erfahrung und Einsicht der Geschichte der Gemeinde innerhalb des einen Gottesvolks können wir sagen:

Der Wille Gottes ist es, in dieser Welt ein Volk als sein DU zu haben, in dessen Lebensform sich die Weltzuwendung Gottes spiegelt: Friede und Gerechtigkeit, d. h. Gemeinschaftsfähigkeit, die ermöglicht sind durch ein vertrauendes Miteinander der im Volk Gottes von IHM Gesammelten.

*

Wenn wir prüfen wollen, ob eine Schrift inspiriert ist – und das taten Israels Generationen wie die Generationen der Kirche der ersten Jahrhunderte, die den Kanon zusammenstellten –, ist der Prüfstein doch wohl der, ob dieser Wille Gottes, der literarische Gestalt gefunden hat, Gottes Volk auf diesen seinen Willen hin gestaltend „inspiriert". Oder?

Vielleicht könnten wir die Frage auch so formulieren: Ist der Text vom Glauben an diesen Willen Gottes geformt –

und kommt dieser Glaube im zu prüfenden Text unverfälscht zum Ausdruck?

Ich wäre glücklich, wenn wir so weit übereinstimmen und mit diesem Prüfstein an die neutestamentlichen Texte herangehen könnten, die scheinbar antijudaistisch sind. Jedenfalls möchte ich den Weg und das Ergebnis einer solchen Prüfung wenigstens exemplarisch andeuten, indem ich kurz ein paar Texte bespreche.

Doch zuvor könnten wir uns in einem Exkurs vielleicht noch darüber verständigen, daß und wie dieser Prüfstein auch bei der Befragung des Tenach oder des Alten Testaments sich als brauchbar erweist.

IV. Exkurs: Probleme mit dem Tenach bzw. mit dem Alten Testament

Sollten wir den Tenach, das Alte Testament nicht von den gewalttätigen, bzw. zur Gewalttat aufrufenden Texten befreien?

Du wirst vermutlich wissen, daß auch in jüngerer Zeit wieder manche Bücher erschienen sind, in denen Israel vorgeworfen wird, einem gewalttätigen, rachsüchtigen und ungerechten Gott anzuhangen, der z. B. den Bann gegen Fremdvölker befehle und die Schonung von Fremden strafe. Besonders auch fromme Leute tun sich z. B. mit den sogenannten „Fluchpsalmen“ schwer und möchten sie aus unserem gemeinsamen Gebetbuch streichen.

Doch die katholische Kirche hat immer an der Integrität des gesamten Tenach (und darüber des weiteren alttestamentlichen Kanons) festgehalten und solcher Versuchung, sich selbst eine angeblich passendere Gründungsurkunde zurechtzuschneiden, widerstanden.

Der fromme, nicht unterrichtete Leser z. B. von Deuteronomium 2–3 oder Josua 6–8 wird die vom Gott Israels befohlene Vernichtung der vorisraelitischen Bevölkerung (vgl. den Refrain in Dtn 2–3: „Wir weihten die ganze männliche

Bevölkerung und die Frauen, Kinder und Greise der Vernichtung") für den nichtinspirierten Auswuchs eines gewalttätigen Gottesbildes halten und solche Texte am liebsten aus dem Alten Testament streichen.

Der Alttestamentler Norbert Lohfink hat 1989 im „Neuen Bibel-Lexikon", Bd. I, Sp. 237f. den Artikel „Bann" geschrieben und eine Verstehensmöglichkeit des inspirierten Textes eröffnet. Er übersetzt *heraem* mit „Vernichtungsweihe" und zeigt, daß die Texte im Deuteronomium und im Buch Josua keine historischen Überlieferungen von der kriegerischen Landeseroberung sind, sondern „wohl literarische Gegenwehr gegen die assyrische Reichspropaganda, die bewußt den militärischen Terror Assurs herausstellte."

Die in der Zeit Joschijas verfaßten Texte wissen darum, daß die Völker Kanaans, von deren „Vernichtungsweihe" gesprochen wird, gar nicht mehr existieren. Aber am Beispiel der Frühzeit soll abschreckend gezeigt werden, „daß JHWH zugunsten Israels zu eher noch größeren Vernichtungsaktionen fähig war", als die assyrische Reichspropaganda sich rühmte. Aber der Bann gilt nicht für Israels Kriege. Es ging nur darum, durch „die Landnahmeerzählung das Bewußtsein Judas zu stärken, ohne jetzt noch eine Vernichtungsweihe zu legitimieren."

Norbert Lohfink faßte zusammen: „Die literarische und historische Analyse beseitigt einen Teil der Anstöße der biblischen Vernichtungsweihe. Es bleibt, daß solch ein Ethos und das zugehörige Gottesbild überhaupt Eingang in die Bibel fanden. Dies erklärt sich erst, wenn man die alttestamentliche Offenbarung als Prozeß der Spiegelung, der Entlarvung und der erst allmählichen Überwindung der Strukturen menschlicher Gewalt erkennen lernt."

Ich bin sicher, daß Du aus der jüdischen Tradition Auslegungen hinzufügen kannst, die an theologischer Qualität die von Norbert Lohfink gegebene noch übertreffen und erläutern, aus welchen Verstehenszusammenhängen heraus auch diese schwierig empfundenen Passagen „inspiriert" sind,

d. h. nach unserer oben versuchten Definition: Gestalt gewordener Gotteswille zur Inspiration Seines Volkes.

*

Ein zweites Beispiel: Sollen wir Jesaja 65,1–7, JHWHs Klage über „ein abtrünniges und widerspenstiges Volk“, dem seine Sünden heimgezahlt werden „und die Sünden ihrer Väter zugleich“, aus dem Prophetenbuch streichen, weil diese Passage so mißbrauchbar war und mißbraucht wurde in der Geschichte des christlichen Antijudaismus?

Am Eingang des jüdischen Ghettos in Rom steht Jes 65,2 in hebräisch und lateinisch an einer kleinen Kirche geschrieben, wo die Juden wöchentlich Bekehrungspredigten anhören mußten: als das von Jes 65 im Namen Gottes angeklagte und beschuldigte Volk, „die einen Weg gehen, der nicht gut ist, hinter ihren eigenen Gedanken her, Leute, die mir Kränkungen antun, mir ins Gesicht immerfort“.

Läßt sich der Mißbrauch des Wortes anders verhindern – als durch ganze Identifikation der Glaubenden mit dem Volk Gottes, d. h. durch die Übernahme von Stellvertretung? Die katholische Kirche hat – seit sie gegen Markion entschied – an der Einheit von Altem und Neuem Testament, an der Identität des Gottes Israels und des Vaters Jesu von Nazareth und an der Kontinuität der Geschichte seit Abraham, in welche die Glaubenden aus den Heiden eintreten durften, festgehalten.

In Joseph Kardinal Ratzingers jüngstem Buch kannst Du nun lesen von der „spannungsgeladenen Einheit der ganzen Geschichte (...) in der sich in den Bünden der eine Bund verwirklicht.“

Und:

„Wenn es so steht, kann man keinesfalls Altes und Neues Testament als zwei verschiedene Religionen einander gegenüberstellen; es gibt nur einen Willen Gottes mit den Menschen, nur ein Geschichtshandeln Gottes mit den Menschen“.

D. h. wir gehören zu denen, die durch Jesaja 65 von Gott angeklagt sind, sei es, daß wir so handelten, sei es, daß wir solches Handeln in unserer Mitte ermöglichten und zuließen!

Die inspirierten Texte wollen uns in Gottes Ringen um die Formung und Bewahrung seines Volkes mit hineinnehmen, des Volkes, das nach Gen 12,2 ein „großes Volk" mit einem „großen Namen" sein soll, d. h. nach der Auslegung von Rambam, ein Volk, das den Namen Gottes groß macht.

Ich denke, nur so können wir – gemeinsam diesem großen Volk verpflichtet, zu dem wir aus den Gojim hinzugenommen wurden – auch auf die angeblich antijudaistischen Texte des Neuen Testaments blicken.

V. Lassen sich die angeblich antijudaistischen Passagen im Neuen Testament als Ausdruck des Ringens um das eine Gottesvolk verstehen?

Gerhard Lohfink hat bei dem eingangs erwähnten Vatikanischen Symposion einen Beitrag vorgelegt, der sich mit Paulus, vor allem mit dem Römerbrief beschäftigte. Zunächst aber hat er 1 Thess 2,14–16 behandelt, wo Paulus die Lage der jungen Gemeinde der Messias-Jesus-Gläubigen in Saloniki mit der Situation der ersten Gemeinden in Judäa vergleicht und schreibt:

„Brüder, ihr seid Nachahmer der Gemeinden Gottes geworden, die in Judäa in Christus Jesus sind. Denn ihr habt ja von euren eigenen Mitbürgern das gleiche erlitten wie jene von den Juden, die Jesus, den Kyrios, und die Propheten getötet haben, die uns hinausgeworfen haben, die Gott nicht zu Gefallen leben und die allen Menschen feindlich sind, indem sie uns daran hindern, den Heiden zu predigen, damit diese gerettet werden. So machen sie unablässig das Maß ihrer Sünden voll. Aber schon ist das Zorngericht über sie gekommen bis zum außersten."

Gerhard Lohfink führt aus: „Dieser Text muß in den Verdacht des Antijudaismus geraten, weil er auf den ersten Blick die beiden Hauptanschuldigungen der Antike gegen die Juden aufzugreifen scheint: ihre Verachtung der Götter *(atheotes)* und ihren angeblichen Haß auf das Menschengeschlecht. Daß die Juden gegen alle Menschen feindselig seien, war ein fester Topos, und daß sie Gott nicht gefallen würden, erinnert an die Formulierung des Tacitus, ‚sie seien den Göttern verhaßt'. Letzteres ist lediglich die Zuspitzung des Vorwurfs, sie seien gottlos *(atheoi)*."

Gerhard Lohfink führt dann aus: „Bei genauerem Hinsehen zeigt sich sehr schnell, daß die beiden antijudaistischen Parolen von Paulus differenziert gehandhabt, ja in ihrem Sinn geradezu verändert werden."

Er zeigt, daß Paulus gerade nicht den heidnischen Vorwurf der Gottlosigkeit gegenüber den Juden übernimmt, der sich darauf bezog, daß die Juden am Kult bzw. an den Festen der Polis nicht teilnahmen; sondern daß Paulus ganz und gar biblisch denkt und formuliert: aus der Sorge um das Gelingen des Planes Gottes für sein eines Volk in der Welt, zu dem aufgrund der Geschichte des Messias Jesus nun die Gojim hinzuberufen werden – im Glauben an Gottes neues Heilshandeln an Israel und den Völkern.

Im einzelnen lesen wir bei Gerhard Lohfink:

„Gott nicht gefallen": Diese Wendung „hat mit dem heidnischen Vorwurf der Gottlosigkeit wenig oder gar nichts zu tun. Denn ‚gefallen' *(areskein)* bezeichnet bei Paulus immer eine Tätigkeit, ein aktives Sich-Verhalten. Paulus will in V. 15c sagen: Die Juden leben Gott nicht zu Gefallen, das heißt, sie tun nicht seinen Willen. Das aber ist ganz und gar biblisch gedacht und unübersehbar eingebunden in die konkrete Erfahrung des Paulus: Seine jüdischen Glaubensgenossen verfolgen ihn und suchen seine Mission unter den Heiden mit allen Mitteln zu verhindern. Indem sie dies tun, widersetzen sie sich der Rettung der Heiden und arbeiten so gegen Gottes Geschichtsplan."

Auch der Vorwurf der Menschenfeindlichkeit bezieht sich bei Paulus auf die Auseinandersetzung um die Heidenmission: „Die Juden versuchen zu verhindern, daß das Heil zu den Heiden kommt."

Gerhard Lohfink faßt erneut zusammen: „Paulus mag sich also – oberflächlich gesehen – heidnischer Vorwürfe gegen die Juden bedienen. Sie erhalten bei ihm aber einen anderen Sinn. Sie charakterisieren nicht mehr die ‚Natur der Juden', so wie Heiden sie sehen, sondern die konkrete geschichtliche Verweigerung der sich gegen Gott stellenden Synagoge – so, wie sich deren Verweigerung von den Grunderfahrungen der Heiligen Schrift her darstellen mußte."

Dies zeigt sich besonders im Rückgriff auf alttestamentliche Traditionen bei der Erwähnung der Tötung der Propheten. Paulus sagt mit der deuteronomistischen Tradition das, „was in Israel selbst schon seit Amos und Hosea gegen das eigene Volk gesagt werden konnte: Israel lehnt sich auf gegen seinen Gott, es verfolgt und tötet die Propheten, es behindert durch seinen Unglauben den Plan Gottes und läßt so den Zorn Gottes gegen sich entbrennen."

Daß Gottes Zorn in sein Erbarmen umschlagen kann – und Israel beständig darauf hofft –, weiß Paulus, wie er in Röm 9–11 zeigt, ebenfalls mit der alttestamentlichen Tradition.

Gerhard Lohfink zieht das „Fazit: So nahe Paulus in 1 Thess 2,14–16 den Klischees des antiken Antijudaismus auch ist – genau gesehen argumentiert er biblisch. Man muß sogar sagen: Er argumentiert innerjüdisch. Es ist aber zuzugeben, daß der Text aus dem ältesten uns überlieferten Paulusbrief auch leicht anders gelesen werden konnte. In einer Gesellschaft, die wie die antike bereits ein enormes Potential an Judenhaß in sich barg, war die Rede von der jüdischen ‚Menschenfeindlichkeit' nicht nur mißverständlich, sondern hochgefährlich. Einige Jahre später hat Paulus seinem Nachdenken über Israel eine unmißverständlich andere Richtung gegeben: in den Kapiteln 9–11 des Römerbriefs."

*

Ein zweites Beispiel: In meinem Büchlein „Der Prozeß Jesu geht weiter", das Du kennst, habe ich Joh 8 mit der Aussage über die Juden als „Teufelskinder" behandelt und gezeigt, daß sie nur dann richtig verstanden ist, wenn sie zum einen neben Joh 4,22 („Das Heil kommt von den Juden") gelesen und rezipiert wird und wenn zum anderen berücksichtigt ist, daß die Aussage nach Joh 8,31 nur „die Juden, die an ihn geglaubt hatten" (8,31), betrifft, jene, die seine Jünger geworden waren, ihn verließen und nun verteufelten und umzubringen versuchten.

Ich habe auf S. 114 geschrieben:

„Jesus war als Messias gekommen, um das Volk Gottes an seinen messianischen Dienst zu erinnern. Die Schelte der Juden durch den johanneischen Jesus dient dieser Erinnerung – wie sie der Erinnerung der Christen, die das Evangelium in ihren Versammlungen hören, dient –, sie inauguriert von sich aus keinen Antijudaismus.

Die Kirche, die dem Antijudaismus verfällt oder ihm verhaftet bleibt, entscheidet den Prozeß Jesu (soweit sie ihn entscheiden kann) gegen Jesus. Sie stößt *den Juden Jesus* aus der Kirche aus – wie Israel seinen Messias aus dem Gottesvolk ausstieß.

In der Geschichte ist ja deutlich geworden, daß die tiefste Wurzel des Antijudaismus oder Antisemitismus der Widerstand gegen die Präsenz des wahren und einzigen Gottes, der unsere Selbstvergötterung in Frage stellt, in unserer Welt ist."

*

Schließlich darf ich Dich an einen Text erinnern, den ich Dir auch schon einmal gesandt habe, mein „Nachwort" (S. 111–115) zum Textbuch des Oberammergauer Passionsspiels vom 2. Februar 1990. Dort schrieb ich unter der Zwischenüberschrift „Erinnerung statt Verdrängung":

„Die Wirkungsgeschichte des Blutrufs ist so furchtbar, daß die Forderung, ihn aus allen Passionsspielen zu streichen, verständlich ist. Jedoch, was wäre mit einer Tilgung der Erinnerung an diese blutige Geschichte gewonnen, in der ein biblischer Satz mißbraucht wurde? Sollten wir uns nicht daran erinnern lassen, daß es eine Schuldgeschichte selbst der Überlieferung und Deutung biblischer Sätze in böser Absicht gibt? Ist der Wahrheitsfindung damit gedient, daß wir die Fakten wie die vorgetäuschten Anlässe des christlichen Antisemitismus vertuschen?"

Ich habe dann in diesem Nachwort gezeigt, daß das Blutwort Mt 26,25 in jüdischer Tradition die Geschichte Jesu deutet: „Der Blutruf ist weder antisemitisch noch antijüdisch formuliert. Er ist in jüdisch-biblischer Tradition formuliert, aus der Erfahrungsweisheit Israels entworfen. Es gibt kein Volk, das in vergleichbar radikaler Selbstkritik die Folgen seines Tuns bedacht, die Selbsttäuschungen entlarvt und Verantwortung wachgerufen hätte, wie Israel, das Volk Gottes. Matthäus schrieb in dessen Spur.

Er war sich darüber im klaren, daß die von ihm eingefügte Szene besondere Brisanz hat: Für Jesu Tod waren nicht unwissende Heiden hauptverantwortlich, sondern Mitglieder des Volkes, das Gott sich erwählt hatte. Zu diesem Volk gehört Jesus; er war dessen Messias: ‚der König der Juden'. Matthäus macht, da niemand Jesus zu Hilfe gekommen war, auch dessen feige Jünger nicht, das ‚ganze Volk' verantwortlich.

Von dieser Verantwortung sprach er zu Mitverantwortlichen, zu den christlichen Gemeinden, die den Tod Jesu als Heilsgeschehen glaubten und die von Gott gewährte Vergebung für die entscheidende Revolution der Weltgeschichte hielten. Matthäus zog sie in eine besondere Verantwortung für den Tod Jesu; jedes von ihnen verursachte oder zugelassene Blutopfer der künftigen Geschichte wäre eine erneute Kreuzigung Jesu, der ein für allemal für alle gestorben war.

Wir Christen haben im Blick auf unsere Geschichte allen Grund, uns selbst anzuklagen: Auch wir gehören zu dem ‚ganzen Volk', das das Blutwort sprach" (S. 112 f.).

VI. Zum Schluß

Damit komme ich zum Schluß dieses Briefes. Ich denke, die von Traudl Wallbrecher Anfang 1986 formulierte Vision von Gottes Volk als der „einen Braut", ihre eindringliche Feststellung, daß wir alle eine gemeinsame Geschichte haben, ist der einzig weiterführende Boden, auf dem wir – in aller Achtung voreinander und ohne jegliche Proselytenmacherei usw. – gemeinsam die Geschichte anschauen und die gemeinsamen Schritte für die Zukunft gewinnen können.

Es ist derselbe Boden, den sie mit ihrem Wort nach der Erfahrung von Dachau, daß etwas völlig Neues beginnen müsse, erhofft hatte und in den folgenden Jahren in der Geschichte der Gemeinde und ihres Wiedereinwurzelns im Jüdischen vorfand.

Anmerkungen

1 Micha Brumlik, Johannes: das judenfeindliche Evangelium, in: Israel und Kirche 4 (1989), S. 102–113.
2 Micha Brumlik, Die Gnostiker. Der Traum von der Selbsterlösung des Menschen, 1982.
3 Martin Hengel, Die johanneische Frage. Ein Lösungsversuch, 1993, S. 297.
4 Klaus Berger, Im Anfang war Johannes. Datierung und Theologie des vierten Evangeliums, 1997, S. 80.
5 *Sotär* und *sotäria* sind Wörter, die nur einmal im Johannesevangelium vorkommen (sogenannte *Hapaxlegomena*); zum Verb „retten" *(sozo)* vgl. 3,17; 5,34; 10,9; 11,12; 12,47.
6 Rudolf Schnackenburg, Das Johannesevangelium, Bd. II, 1971, S. 55.
7 Schnackenburg, ebd., S. 127.
8 Vgl. Joseph Kardinal Ratzinger, Die Vielfalt der Religionen und der Eine Bund, 3. Aufl. 2003, S. 72.
9 Vgl. Rudolf Pesch, Der Prozeß Jesu geht weiter, 1988, S. 112–115.
10 Zum folgenden vgl. Hartmut Gese, Der Johannesprolog, in: Zur biblischen Theologie. Alttestamentliche Vorträge, 1977. Zu bestimmten Versen vgl. auch Otfried Hofius, Struktur und Gedankengang des Logos-Hymnus in Joh 1,1–18, in: Otfried Hofius/Hans-Christian Kammler, Johannesstudien. Untersuchungen zur Theologie des vierten Evangeliums, 1996, S. 1–23.
11 Vgl. Ratzinger, Die Vielfalt (wie Anm. 8). – Otfried Hofius, „Der in des Vaters Schoß ist" Joh 1,18, in: Hofius/Kammler, Johannesstudien (wie Anm. 10), S. 24–32, findet aus der Spur protestantischer Gegenüberstellung von Gesetz und Evangelium nicht hinaus

und meint, in Joh 1,17 liege „die Verneinung jeder Heilsrelevanz der Tora“ vor (S. 31).

12 Gese, Der Johannesprolog (wie Anm. 10), S. 185.

13 Rudolf Schnackenburg, Die Johannesbriefe, 5. Aufl. 1975, S. 16 f.

14 Berger, Im Anfang (wie Anm. 4).

15 Hengel, Die johanneische Frage (wie Anm. 3; in Klammern gesetzte Seitenzahlen verweisen auf dieses Buch).

16 Daß dies bei christlichen Theologen keineswegs mehr selbstverständlich ist, zeigt jüngst z. B. Gerd Lüdemann, Texte und Träume, 1992, der Gerhard Lohfink und Rudolf Pesch vorwirft, daß sie „sich von der kirchlichen Tradition z. B. den Kanon vorgeben lassen“, bzw. bei ihnen wie bei Joseph Ratzinger „Tendenzen der Klerikalisierung der Exegese“ vorlägen, weil „der neutestamentliche Kanon als Norm vorausgesetzt wird.“

17 Im folgenden nach Karl Leo Noethlichs, Das Judentum und der römische Staat. Minderheitenpolitik im antiken Rom, 1996 (in Klammern gesetzte Seitenzahlen verweisen auf dieses Buch).

18 Vgl. dazu Jules Isaac, L’enseignement du mépris, Paris 1962.

19 HEUTE. *pro ecclesia viva.* Das Heft der Integrierten Gemeinde Nr. 1, Advent 1994, S. 15.

20 Vgl. Rudolf Pesch, „Wo zwei oder drei versammelt sind auf meinen Namen hin ...“ (Mt 18,20). Zur Ekklesiologie eines Wortes Jesu, in: Ludger Schenke, Studien zum Matthäusevangelium, Festschrift für Wilhelm Pesch, 1988, S. 227–243.

Nachwort

Während der drei Jahre, die ich in Israel lebte (2000–2002), ist mir deutlicher geworden als zuvor, wie dringend es ist, daß wir das Neue Testament gründlicher als bisher vor dem Vorwurf eines „Antisemitismus" oder „Antijudaismus" in Schutz nehmen.

Jüngst ist mir freilich ein solcher Auftrag noch dringlicher geworden, nachdem selbst das Katholische Bibelwerk in seiner Zeitschrift „Bibel und Kirche" im 3. Quartal 2004 zuließ, daß das Johannesevangelium denunziert wird, es nehme „den Juden ihre Identität".

Meinen Kollegen von der „Akademie für die Theologie des Volkes Gottes", vorab Ludwig Weimer, die mich bei meiner Arbeit beraten, korrigiert und ergänzt haben, bin ich dankbar verbunden.

Herzlicher Dank gilt auch Herrn Dr. Peter Paul Bornhausen vom Sankt Ulrich Verlag für die vorzügliche Betreuung meines Manuskripts bei der Drucklegung.

Bad Tölz, am Christkönigsfest 2004 Rudolf Pesch

Achim Buckenmaier

Abraham

Vater der Gläubigen

Für Christen, Juden und Muslime ist Abraham der Inbegriff des Glaubens an den einen Gott: Achim Buckenmaier, der als Priester der Katholischen Integrierten Gemeinde und durch seine Studien zur Schrift und Theologie in Israel und der Kirche besonders ausgewiesen ist, geht den Spuren des gemeinsamen Vaters der Gläubigen nach und stellt dar, was sich aus der Bibel, der jüdischen Tradition und den muslimischen Quellen über Abraham und seine Zeit erfahren läßt.

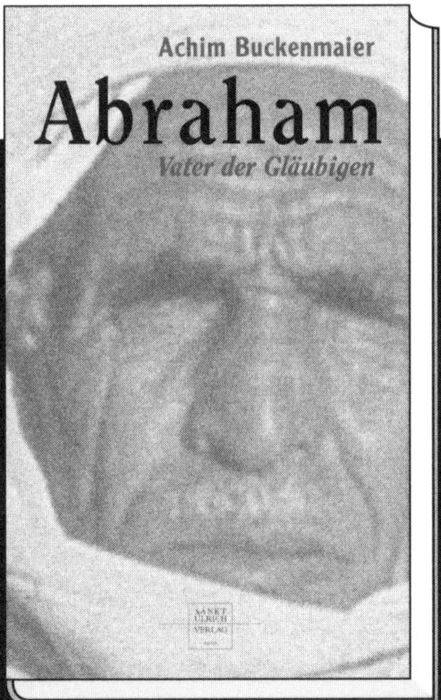

ISBN 3-936484-10-4
Geb., 160 Seiten

SANKT ULRICH VERLAG

Jean-Marie Kardinal Lustiger

Die Verheißung

1979 formulierte der Gemeindepfarrer Jean-Marie Lustiger Gedanken zum inneren Verhältnis von Kirche und Judentum, für deren Veröffentlichung ihm damals die Zeit noch nicht reif schien. Das Pontifikat von Johannes Paul II., der das Eis von Jahrhunderten brach, sein Besuch im Heiligen Land und seine Theologie veranlaßten den inzwischen zum Kardinal der römischen Kirche erwählten Sohn polnischer Juden seine Gedanken zu publizieren. Der Kardinal von Paris zeichnet Jesus Christus in einem dramatischen Spannungsbogen als Erfüllung des mosaischen Gesetzes und bestätigt zugleich die fortdauernde göttliche Erwählung des jüdischen Volkes.

ISBN 3-936484-09-0
Geb., 184 Seiten